A BÍBLIA ILUSTRADA DA FAMÍLIA

SBN
EDITORA

Texto: J Emmerson-Hicks
Ilustrações: Netscribes

Tradução: Ruth Marschalek
Revisão: Madalena Parisi Duarte.

IMPRESSO NA CHINA

A BÍBLIA ILUSTRADA DA FAMÍLIA

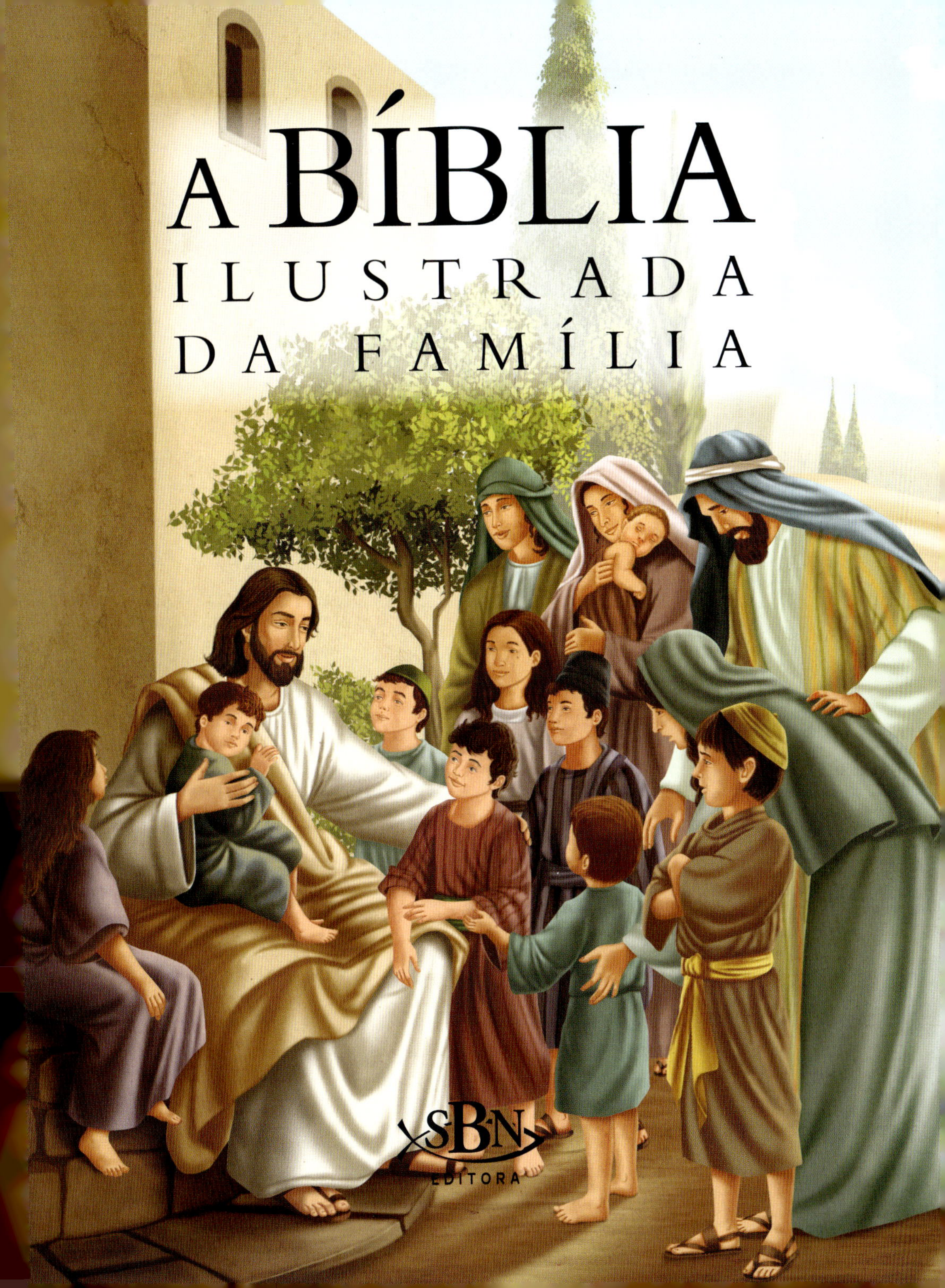

SBN EDITORA

SUMÁRIO

O VELHO TESTAMENTO

A CRIAÇÃO

OS PATRIARCAS

MOISÉS E O ÊXODO

A ASCENSÃO DE ISRAEL

O PERÍODO DOS PROFETAS

SALMOS E PROVÉRBIOS

O NOVO TESTAMENTO

OS EVANGELHOS

A IGREJA PRIMITIVA

AS EPÍSTOLAS

PROFECIA

O VELHO TESTAMENTO

O MUNDO DO VELHO TESTAMENTO
Mar Negro
MACEDÔNIA
Tróade
LÍDIA
HITITAS
Atenas
Tarso
CRETA
CHIPRE
FENÍCIA
Sidom
Tiro
O Grande Mar
(Mediterrâneo)
Cesareia
Samaria
Jope
Jerusalém
FILÍSTIA
JUDÁ
Alexandria
EDOM
EGITO
Deserto
do Sinai
MIDIÃ
Monte
do Sinai
Rio Nilo

Monte Ararat
Mar Cáspio
ASSÍRIA
Nínive
Rio Eufrates
Rio Tigre
MESOPOTÂNIA
MÉDIA
ARÃ
SÍRIA)
masco
Babilônia
Nippur
MOM
PÉRSIA
Ur
BABILÔNIA
Mar inferior
(Golfo Pérsico)
ARÁBIA
Deserto da Arábia

DEUS CRIA O MUNDO

Gênesis 1-2

No princípio, não havia absolutamente nada. Então, Deus criou os Céus e a Terra, porém, tudo ainda estava na escuridão. Então, Deus disse: "Haja luz!", e a luz se fez! Deus chamou a luz de Dia, e a escuridão de Noite, e isso foi o primeiro dia e a primeira noite!

Nos dias que se seguiram, Deus separou a água da terra seca, cobriu a terra com árvores e plantas bonitas, e criou o Sol para brilhar durante o dia, e a Lua e as Estrelas para iluminarem o céu, à noite.

Então, Deus encheu os mares com grandes baleias e peixes brilhantes, golfinhos saltitantes e águas-vivas oscilantes, e encheu os céus de pássaros coloridos. Ele criou animais de todas as formas e tamanhos – guepardos velozes, tartarugas lentas, elefantes enormes, e muitos outros. Por último, Deus criou o homem, e lhe disse para cuidar desse mundo maravilhoso e de todas as criaturas. Deus estava satisfeito com tudo o que havia criado e feito; e assim, no sétimo dia, Ele descansou e determinou que aquele fosse um dia especial para descansar e dar graças.

O BELO JARDIM

Gênesis 2

Deus criou o belo Jardim do Éden para Adão – um paraíso maravilhoso, repleto de capim verde, plantas coloridas e árvores espetaculares. Deus disse a Adão que ele poderia comer os frutos de qualquer uma daquelas árvores, menos de uma: a Árvore do Conhecimento. Mas ainda restavam muitas outras frutas maravilhosas para ele comer!

Deus trouxe todos os animais e pássaros para que Adão lhes desse um nome. Mas nenhum dos animais era como ele, e Adão se sentia solitário; por isso, Deus criou uma mulher, Eva, para ser sua amiga especial.

DESOBEDECENDO A DEUS

Gênesis 3

Todavia, entre todos os animais, o mais astuto era a cobra. Certo dia, a cobra disse para Eva: "Por que você não come da Árvore do Conhecimento? A fruta é deliciosa e não vai fazer mal a você! Deus apenas não quer que você a coma porque ela a tornará sábia como Ele. Dê uma mordida!"

A fruta parecia tão deliciosa que a tola Eva provou, sim, um pouco, e também ofereceu um bocado para Adão, e os dois comeram. Imediatamente, perceberam que estavam nus e tentaram se cobrir com folhas.

Quando Deus encontrou Adão e Eva escondidos atrás de alguns arbustos, Ele já sabia o que havia acontecido e ficou muito zangado. Ele amaldiçoou a cobra e baniu Adão e Eva do Jardim do Éden, e lhes disse que daquele dia em diante eles teriam de trabalhar duro para conseguir o seu próprio alimento e roupas. Então, Deus colocou um anjo com uma espada flamejante para guardar a entrada do Jardim.

CAIM E ABEL

Gênesis 4

Adão e Eva tiveram dois filhos. Caim era um agricultor que trabalhava nos campos, e Abel era um pastor. Certo dia, Caim e Abel trouxeram oferendas para Deus. Abel trouxe a melhor carne para oferecer a Deus, e Deus se agradou, mas não ficou tão satisfeito com os grãos que Caim havia trazido.

Caim ficou com muito ciúme de seu irmão e, num acesso de raiva, foi com seu irmão ao campo e o matou. Quando Deus perguntou a ele onde estava seu irmão, Caim respondeu rudemente: "Como eu vou saber? Sou eu o guarda do meu irmão?"

Mas Deus viu o sangue de Abel no chão e ficou zangado. Ele puniu Caim e o mandou embora de seu lar e família.

NOÉ CONSTRÓI A ARCA

Gênesis 6

Muitos anos se passaram e logo havia uma multidão no mundo. Mas essas pessoas estavam se tornando cada vez mais maldosas, e isso deixou Deus muito triste. Ele tinha decidido enviar um dilúvio terrível para destruir tudo o que havia criado.

Mas havia um homem bom na Terra, que amava e obedecia a Deus. Seu nome era Noé, e ele tinha três filhos. Deus disse a Noé para construir um barco enorme, uma arca, para que ele e sua família pudessem ser salvos, juntamente com dois animais de cada criatura vivente.

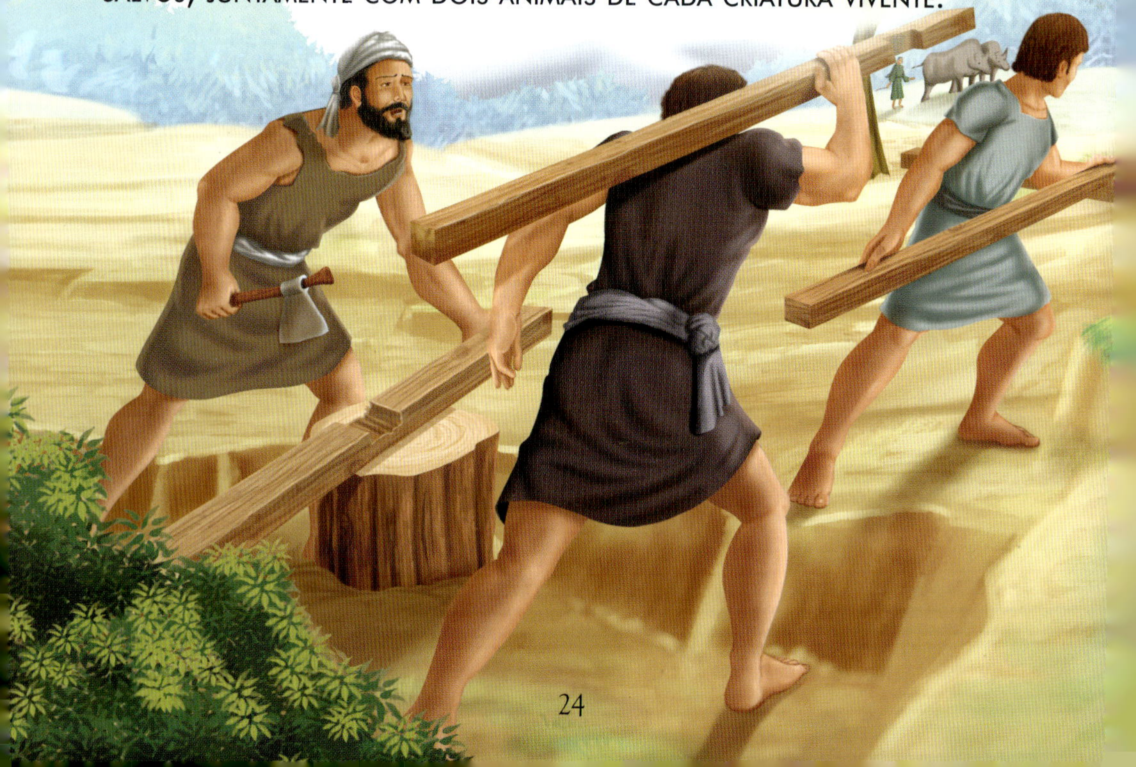

As pessoas riram de Noé por estar construindo um barco no meio da terra, mas ele os ignorou, pois confiava em Deus.

O DILÚVIO

Gênesis 7-9

Quando a arca estava terminada, Noé a abasteceu com alimento para sua família e os animais. E então mandou os animais para a arca, de dois em dois, sendo um macho e uma fêmea de cada espécie de animal e pássaro que vivia sobre a Terra.

Quando todos estavam seguros dentro da arca, começou a chover. E como choveu! As águas despencaram dos céus e cobriram toda a Terra. Toda criatura vivente se afogou. Todos os vilarejos e cidades foram levados pelas águas. Mas a arca e sua preciosa carga flutuaram livremente sobre um mundo de águas.

Choveu por quarenta dias e quarenta noites. Depois, finalmente, parou. Após um tempo, as águas do dilúvio começaram a baixar. Noé enviou uma pomba e, quando ela retornou com uma folha de oliveira em seu bico, Noé entendeu que o dilúvio havia acabado, pois as árvores estavam crescendo novamente.

Então chegou a hora de Noé e os animais saírem da arca. Noé estava cheio de gratidão, e Deus lhe prometeu que jamais voltaria a enviar um dilúvio tão terrível. E naquele momento colocou um belíssimo arco-íris no céu, para lembrá-Lo dessa promessa.

A TORRE DE BABEL

Gênesis 11

No princípio, o mundo inteiro tinha apenas um idioma. Então todos podiam se compreender. Houve uma época em que um grupo de descendentes de Noé decidiu se instalar e construir uma cidade que seria famosa em toda a Terra, com uma torre que alcançaria os céus.

Mas, quando Deus viu o que eles estavam fazendo, não ficou feliz. Deus temia que se tornassem orgulhosos e presunçosos demais – eles tinham se esquecido de Deus.

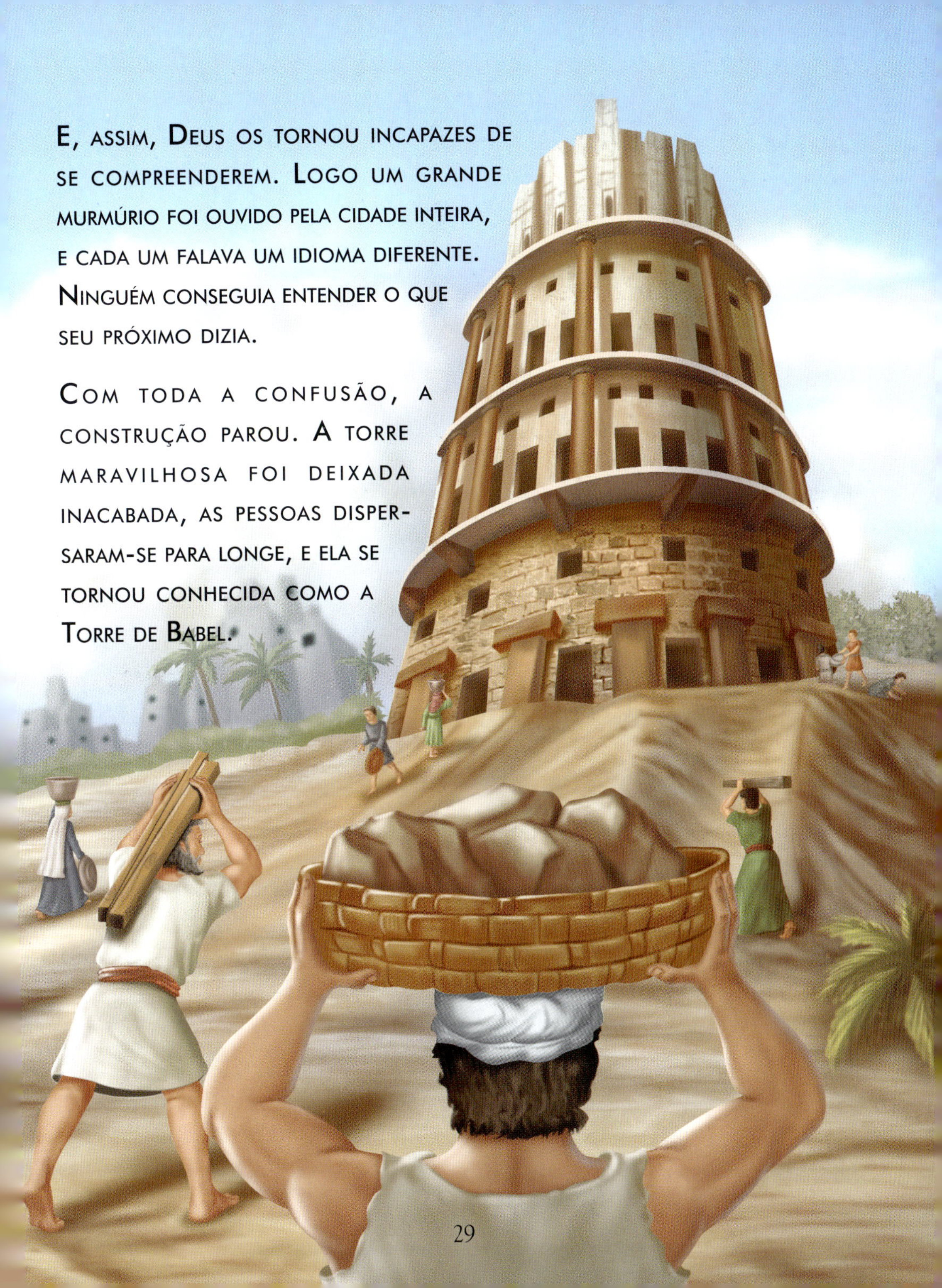

E, assim, Deus os tornou incapazes de se compreenderem. Logo um grande murmúrio foi ouvido pela cidade inteira, e cada um falava um idioma diferente. Ninguém conseguia entender o que seu próximo dizia.

Com toda a confusão, a construção parou. A torre maravilhosa foi deixada inacabada, as pessoas dispersaram-se para longe, e ela se tornou conhecida como a Torre de Babel.

DEUS CONVOCA ABRAÃO

Gênesis 12-13

Abraão era um homem bom, que confiava em Deus. Deus pediu a Abraão para deixar seu lar, seu país e sua família e ir para uma outra terra. Deus prometeu abençoá-lo e torná-lo o pai de uma grande nação.

Abraão tinha um bom lar, com grandes rebanhos de ovelhas e gado, mas quando Deus lhe disse para partir, ele pegou sua esposa Sara, seu sobrinho Ló e seus servos e partiu para Canaã.

Ao longo do caminho, Deus apareceu a Abraão e lhe disse: "Eu darei esta terra à sua descendência." Sara e Abraão não tinham tido filhos, mas Abraão ficou maravilhado com aquela notícia, e construiu um altar para Deus e O louvou.

Mais tarde, Abraão levou sua família para o Egito, pois havia uma fome terrível. Quando saiu do Egito para retornar a Canaã, ele tinha se tornado muito rico e possuía muitos animais.

TOMANDO CAMINHOS DISTINTOS

Gênesis 13-14

Abraão e seu sobrinho Ló possuíam grandes rebanhos de gado, ovelhas e jumentos; tão grandes que não havia terra de pastagem suficiente para todos eles, e seus serviçais começaram a brigar. Abraão decidiu que eles teriam que se separar. Ele deu a Ló a opção de escolher primeiro para onde iria, e Ló optou por sair de Canaã e ir para o Oriente, para o vale fértil do Jordão. Abraão ficou em Canaã.

Depois de Ló ter partido, Deus chamou Abraão e disse: "Olhe tão longe quanto puder. Toda terra que você puder ver, Eu a darei a você e à sua descendência para sempre, e a sua descendência será como o pó da terra – pois serão tantos que ninguém será capaz de contá-los."

A PROMESSA DE DEUS

Gênesis 15-17

Abraão e sua mulher eram muito idosos e não tinham tido filhos; mas Abraão confiava em Deus. Deus lhe disse que ele seria pai e que teria tantos descendentes que não se poderia sequer contá-los – tantos quanto as estrelas no céu – e que a terra pertenceria a eles. Então Deus disse a ele para preparar um sacrifício.

Naquela noite, Deus falou com ele novamente, dizendo-lhe que seus descendentes seriam escravos em um país, que não o seu próprio, por quatrocentos anos, mas que no final eles seriam libertados e que retornariam à sua terra natal; e que aqueles que os tinham escravizado seriam punidos.

Quando o Sol tinha se posto e a escuridão tinha caído, um tacho fumegante com uma tocha em chamas apareceu e passou entre as partes do sacrifício, como um sinal de Deus para Abraão.

ABRAÃO RECEBE A VISITA DE ANJOS

GÊNESIS 18

POUCO TEMPO DEPOIS, ABRAÃO VIU TRÊS ESTRANHOS PASSANDO. ELE SE APRESSOU A SAIR E ENCONTRÁ-LOS, E OFERECEU-SE PARA TRAZER ÁGUA PARA LAVAR OS PÉS DELES, E ALIMENTO PARA COMEREM ENQUANTO DESCANSAVAM À SOMBRA DE UMA ÁRVORE PRÓXIMA. SARA ASSOU ALGUNS PÃES, ENQUANTO ABRAÃO TROUXE SUA MELHOR CARNE PARA OS HOMENS COMEREM, E LEITE PARA BEBEREM.

Então um dos homens, que na verdade era Deus, perguntou a Abraão onde estava sua mulher. Quando Abraão respondeu que ela estava dentro da tenda, Deus lhe disse que voltaria dentro de um ano e que Sara teria dado à luz um filho.

Sara estava escutando na tenda e não conseguiu evitar rir alto, pois ela já era bastante idosa para ter filhos. Mas Deus perguntou: "Por que Sara está rindo? Nada é impossível para o Senhor." E, realmente, nove meses depois Sara deu à luz um menino e o chamou de Isaque, que significa "aquele que ri"!

AS CIDADES PERVERSAS

Gênesis 18-19

Sodoma e Gomorra eram cidades más. As pessoas tinham se voltado contra Deus e eram maldosas e cruéis. Deus decidiu destruí-las. Mas Abraão estava preocupado, pois seu sobrinho Ló vivia em Sodoma. Abraão perguntou a Deus se Ele destruiria a cidade, mesmo se ainda houvesse homens bons vivendo nela, e Deus respondeu: "Se houver dez pessoas boas, eu pouparei a cidade."

Ló estava diante dos portões da cidade, quando dois estranhos - anjos disfarçados - passaram por ali. Ele lhes suplicou que passassem a noite em sua casa, deu-lhes água para lavar os pés e lhes preparou uma refeição, mas uma multidão furiosa e violenta se ajuntou, exigindo que Ló trouxesse os estranhos para fora.

Ló implorou que deixassem os estranhos em paz, pois eram seus convidados, mas a multidão se enfureceu com ele e os anjos tiveram que puxá-lo para dentro de casa. Então os anjos afligiram a multidão com cegueira, para que não pudessem encontrar a porta e arrombá-la.

DEUS DESTRÓI SODOMA E GOMORRA

Gênesis 19

Os anjos avisaram Ló para sair da cidade com sua esposa e filhas naquela mesma noite, pois Deus estava zangado e as cidades seriam punidas. Os anjos os tomaram pela mão e os conduziram em segurança, instigando para que se apressassem: "Fujam para salvar suas vidas! Corram para as montanhas e não olhem para trás!"

Enquanto Ló e sua família corriam depressa para longe, podiam ouvir sons terríveis, da tempestade de enxofre ardente que caía sobre a cidade. Nada nem ninguém sobreviveu – nenhuma moradia, nenhuma pessoa. Mas a mulher de Ló não conseguiu evitar olhar para trás, e assim que ela fez isso, foi transformada, instantaneamente, em uma estátua de sal. Ló e suas filhas foram os únicos a sobreviver àquela destruição.

NASCE ISAQUE

Gênesis 21

Quando Sara estava com noventa anos, deu à luz um menino, Isaque, assim como Deus havia prometido. Abraão e Sara estavam muito felizes, mas Sara achava que sua serva, Agar, estava caçoando dela, e ficou com tanta raiva, que fez Abraão mandá-la embora, juntamente com seu filho, Ismael, que também era filho de Abraão. Abraão ficou triste, mas Deus lhe disse que as coisas se resolveriam para Ismael; então ele deu a Agar um pouco de comida e água, e a mandou com Ismael para o deserto.

Logo toda a água havia se acabado, e Ismael começou a chorar. Mas o anjo de Deus chamou Agar, dos céus, e disse: "Não tenha medo, Agar. Deus ouviu o menino chorando. Levante-o e pegue-o pela mão, pois ele será o pai de uma grande nação." Então Deus lhe abriu os olhos, e ela viu um poço de água!

Deus esteve com o menino enquanto ele crescia. Ele viveu no deserto e se tornou um flecheiro.

ABRAÃO É POSTO À PROVA

Gênesis 22

Isaque cresceu e se tornou um ótimo menino, e seu pai e sua mãe estavam muito orgulhosos e agradecidos a Deus. Mas um dia, Deus decidiu testar a fé de Abraão. Ele disse a Abraão que ele teria de oferecer o menino como sacrifício!

Abraão ficou de coração partido, porém sua fé em Deus era total, e assim ele preparou tudo exatamente como havia sido ordenado.

Mas, ao erguer seu punhal, de repente um anjo falou com ele: "Abraão, Abraão! Não machuque o menino! Agora eu sei que você ama o Senhor seu Deus de todo o seu coração, pois você estava disposto a entregar seu próprio filho."

Deus enviou um cervo para ser sacrificado no lugar do menino, e o anjo disse a Abraão que ele e seus descendentes seriam verdadeiramente abençoados por Deus, por causa de sua fé.

UMA ESPOSA PARA ISAQUE

Gênesis 24

Quando Isaque já era um jovem, Abraão pediu ao seu servo mais fiel para retornar à sua terra natal e encontrar uma esposa lá para seu filho. Esta era uma tarefa difícil e, quando o servo chegou à cidade natal de seu senhor, ele orou a Deus para lhe enviar um sinal: "Que a escolhida seja aquela que vier oferecer água não somente a mim, mas aos meus camelos também."

Antes mesmo de terminar a oração, a bela Rebeca chegou para tirar água do poço. Quando o servo lhe pediu se poderia tomar um pouco de água, ela logo lhe ofereceu seu cântaro, e então se apressou para tirar água para os camelos dele, também.

O servo agradeceu a Deus por ouvir suas orações. Ele então explicou sua missão a Rebeca, e quando falaram com o pai dela, ficou combinado que ela se tornaria esposa de Isaque. Quando ela viajou de volta para Canaã, para conhecer seu novo marido, Isaque se apaixonou por ela imediatamente, e ela por ele!

Jacó e Esaú

Gênesis 25-27

Rebeca ficou grávida somente quando já estava mais velha, e esperava gêmeos. Eles pareciam chutar e empurrar tanto dentro dela que ela ficou preocupada, mas Deus lhe disse que um dia os dois meninos seriam pais de duas nações. O primeiro a nascer foi um menino peludo, a quem eles chamaram de Esaú, e seu irmão foi chamado de Jacó. Quando cresceram, Esaú se tornou um grande caçador, enquanto Jacó era mais quieto e passava mais tempo em casa. Isaque amava Esaú, mas Rebeca gostava especialmente de Jacó.

Certo dia, Jacó estava preparando um guisado quando seu irmão chegou esfomeado, após uma longa jornada. Esaú estava com tanta fome que concordou quando Jacó lhe disse que ele somente poderia ganhar um prato de guisado em troca do direito de sua primogenitura!

Alguns anos depois, Jacó enganou seu irmão mais velho, roubando também a bênção de seu pai. Quando Isaque estava muito velho e quase cego e desejava dar sua bênção ao filho mais velho, Jacó, com a ajuda de sua mãe, se disfarçou de Esaú. Ele usou peles de cabras ao redor de seus braços, para que ficasse peludo feito seu irmão. Assim, quando seu pai o tocasse, pensaria que ele fosse Esaú e lhe daria sua bênção. E, desta forma, ele ficaria encarregado da família quando o pai morresse.

Quando Esaú descobriu o que tinha acontecido, ficou tão furioso que quis matar seu irmão caçula; então Rebeca mandou Jacó embora de casa, para que ficasse a salvo.

O SONHO DE JACÓ

Gênesis 28

Jacó viajou para a casa de seu tio, Labão. No caminho, parou para pernoitar. Usando uma pedra dura como travesseiro, ele se deitou para dormir. Naquela noite, ele teve um sonho no qual via uma escadaria que começava na terra e chegava até o céu, e os anjos subiam e desciam por ela.

Bem no topo estava o Senhor, e Ele disse: "Eu sou o Senhor, Deus do seu pai Abraão e Deus de Isaque. Eu darei a você e a seus descendentes a terra na qual está deitado. Os seus descendentes serão como o pó da terra, se estenderão do Ocidente ao Oriente, e do Norte ao Sul.

Eu estarei com você e o guardarei por onde quer que for, e o trarei de volta a esta terra. Não o deixarei até que eu tenha cumprido o que prometi.

ENGANADO AO SE CASAR

Gênesis 29

Jacó trabalhava na casa de seu tio Labão. E ele acabou se apaixonando por Raquel, filha mais nova de Labão. Seu tio concordou que, se Jacó trabalhasse para ele por sete anos, então, ao final desse período, ele poderia se casar com Raquel.

Após sete anos, o casamento aconteceu, mas quando Jacó ergueu o véu do rosto de sua esposa, não era Raquel quem estava diante dele, mas Lia, sua irmã mais velha! Ele havia sido enganado!

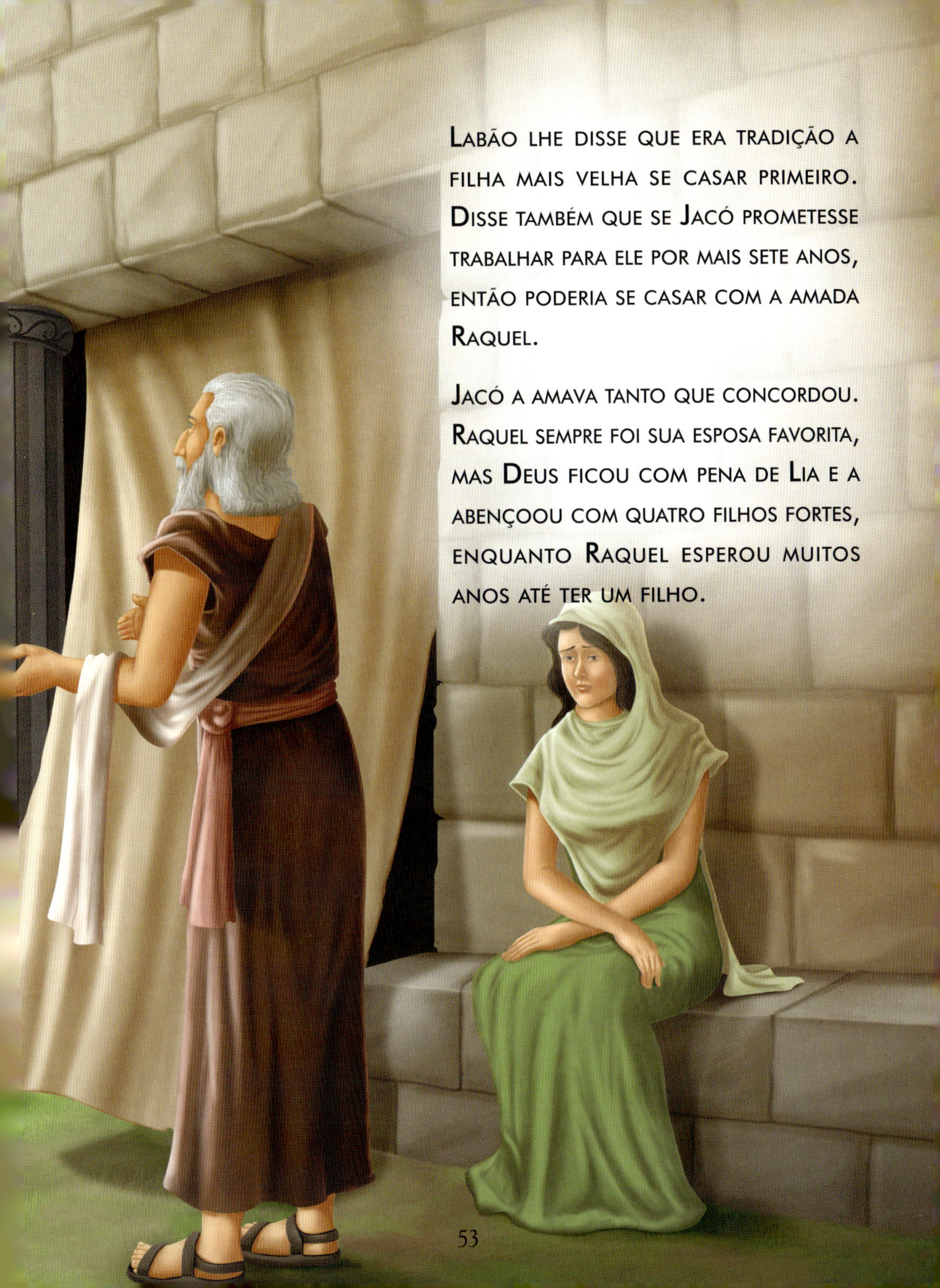

Labão lhe disse que era tradição a filha mais velha se casar primeiro. Disse também que se Jacó prometesse trabalhar para ele por mais sete anos, então poderia se casar com a amada Raquel.

Jacó a amava tanto que concordou. Raquel sempre foi sua esposa favorita, mas Deus ficou com pena de Lia e a abençoou com quatro filhos fortes, enquanto Raquel esperou muitos anos até ter um filho.

CAMINHOS SEPARADOS

Gênesis 30-31

Embora Jacó sentisse que estava na hora de retornar para casa, seu tio queria que ele ficasse. Ele concordou em lhe dar como pagamento todos os animais malhados ou salpicados dos rebanhos. Mas Labão tentou enganá-lo, reunindo todos os animais salpicados e os enviando embora com seus filhos, para que todos os animais novos nascessem sem marcas!

Mas Deus disse a Jacó para colocar alguns galhos frescos e descascados nos cochos de água dos animais, quando os animais fortes e saudáveis viessem beber. Todos os seus novos animais nasciam malhados ou salpicados. Desta maneira, todos os animais fortes iam para Jacó e todos os animais fracos iam para Labão.

Jacó sabia que seu tio continuaria a enganá-lo. Então, certo dia partiu para sua terra natal junto com toda a sua família, servos e animais. Labão o perseguiu, mas no final os dois homens concordaram em deixar cada um prosseguir sua vida.

LUTANDO COM DEUS

Gênesis 32-33

Jacó estava preocupado com o retorno para sua terra natal com sua família, pois não sabia como seu irmão Esaú iria recebê-lo. Quando um mensageiro disse que Esaú estava chegando com quatrocentos homens para encontrá-lo, Jacó temeu o pior. Ele enviou alguns de seus servos adiante com presentes para seu irmão, para ajudar a apaziguá-lo; depois, enviou sua família e tudo o que possuía para atravessar o rio. O próprio Jacó ficou para trás sozinho, para orar.

De repente, um homem apareceu e lutou com Jacó até o romper do dia. Quando viu que não poderia dominar Jacó, o homem tocou na articulação do quadril dele, para deslocá-lo. E gritou para Jacó deixá-lo ir, mas Jacó retrucou: "Não o deixarei ir até você me abençoar." Então o homem disse: "O seu nome não será mais Jacó, mas Israel, porque você lutou com Deus e com os homens e prevaleceu."

Quando Jacó perguntou seu nome, ele não respondeu, mas abençoou Jacó, e este se deu conta de que havia lutado com o próprio Deus.

E quando Jacó, finalmente, ficou face a face com o seu irmão, descobriu que Esaú o havia perdoado, tendo-o recebido de braços abertos.

RETORNANDO A BETEL

Gênesis 35-36

Deus falou com Jacó e lhe disse para ir a Betel. Então Jacó viajou com sua família e servos para aquela cidade, onde ele construiu um altar para Deus, a fim de agradecer por Sua misericórdia.

Quando saíram de Betel, Raquel, que estava grávida pela segunda vez, entrou em trabalho de parto, mas as coisas não correram bem. Antes de dar seu último suspiro, Raquel viu seu adorável menino e o chamou de Benoni, embora seu pai o tivesse chamado de Benjamim. Com o coração partido, Jacó construiu um pilar sobre a sepultura dela.

Agora Jacó tinha doze filhos: os filhos de Lia, que eram Rúben, Simeão, Levi, Judá, Issacar e Zebulom; José e Benjamim, filhos de Raquel; Dã e Naftali, filhos da serva de Raquel; e Gade e Aser, que eram filhos da serva de Lia.

OS SONHOS DE JOSÉ

Gênesis 37

Jacó viveu em Canaã. Ele tinha doze filhos, mas José era o seu favorito, pois era o primeiro filho de Raquel, a quem Jacó tinha amado mais que a todas as suas outras esposas. Para demonstrar o quanto amava José, Jacó mandou fazer para o filho uma túnica maravilhosa - um manto de mangas compridas, com bordados coloridos.

Seus irmãos ficaram enciumados, mas o que realmente os deixou furiosos foi quando José começou a lhes contar sobre os sonhos que tivera: "Na noite passada, sonhei que estávamos colhendo molhos de grãos quando, de repente, o meu molho ficou de pé e os seus todos se curvavam diante dele."

"O que você está dizendo?", resmungaram os irmãos. "Que você vai governar sobre nós, um dia? Vá embora!"

José teve outro sonho. "Desta vez, o Sol e a Lua e onze estrelas estavam se curvando diante de mim", ele contou à sua família. Até mesmo Jacó ficou irritado quando ouviu sobre o último sonho de José. "Você realmente acredita que sua mãe, eu e todos os seus irmãos vamos nos curvar diante de você? Não seja presunçoso!" Mas Jacó se indagava sobre o que poderia significar aquele sonho.

IRMÃO À VENDA

GÊNESIS 37

OS IRMÃOS DE JOSÉ ESTAVAM FARTOS. PRIMEIRO, POR CAUSA DA TÚNICA FABULOSA; E AGORA, ESSES SONHOS TERRÍVEIS. ELES ACHARAM QUE HAVIA CHEGADO A HORA DE SE LIVRAR DE SEU IRMÃO IRRITANTE. CERTO DIA, QUANDO ESTAVAM FORA, NOS CAMPOS, OS IRMÃOS CAÍRAM EM CIMA DELE, RASGANDO SUA PRECIOSA E MULTICOLORIDA TÚNICA E O LANÇARAM EM UMA COVA PROFUNDA. DEPOIS, SENTARAM-SE POR PERTO PARA COMER, INDIFERENTES AOS SEUS PEDIDOS DE AJUDA.

Pouco depois, viram uma caravana de mercadores ismaelitas passando com seus camelos, rumo ao Egito, e mais do que depressa decidiram vendê-lo aos mercadores.

Então, pegaram sua bela túnica e a rasgaram em pedaços, mataram uma das cabras e mancharam a túnica com o sangue dela. Em seguida, foram juntos para casa, com os rostos abatidos, e mostraram a túnica ao seu pai, dizendo que José havia sido morto por um animal selvagem. José ficou inconsolável com a suposta morte de seu amado filho.

A ESPOSA DE POTIFAR

GÊNESIS 39

JOSÉ TINHA SIDO VENDIDO PARA UM DOS OFICIAIS DO FARAÓ, UM HOMEM CHAMADO POTIFAR, MAS DEUS AINDA ESTAVA CUIDANDO DE JOSÉ. ELE ERA ESPERTO E ESFORÇADO, E LOGO POTIFAR DECIDIU COLOCÁ-LO NO COMANDO DE SUA CASA INTEIRA.

Mas o período de paz não durou, pois a esposa de Potifar pôs os olhos sobre José, que era um belo e forte jovem. José não tinha nada a ver com suas investidas, mas um dia, ao escapar desse assédio, em sua pressa deixou parte de sua roupa para trás, nas mãos dela. Quando seu marido voltou, ela lhe mostrou a roupa e disse que José entrara em seu quarto para tentar tirar proveito dela, mas que havia fugido quando ela se pusera a gritar.

Potifar ficou furioso e jogou o pobre José na prisão!

O COPEIRO E O PADEIRO

Gênesis 40

Algum tempo depois, tanto o copeiro do Faraó quanto seu principal padeiro o irritaram e foram lançados na prisão. Certa noite, os dois homens tiveram sonhos esquisitos, e ficaram intrigados. José lhes disse: "Meu Deus será capaz de ajudar. Contem-me os seus sonhos."

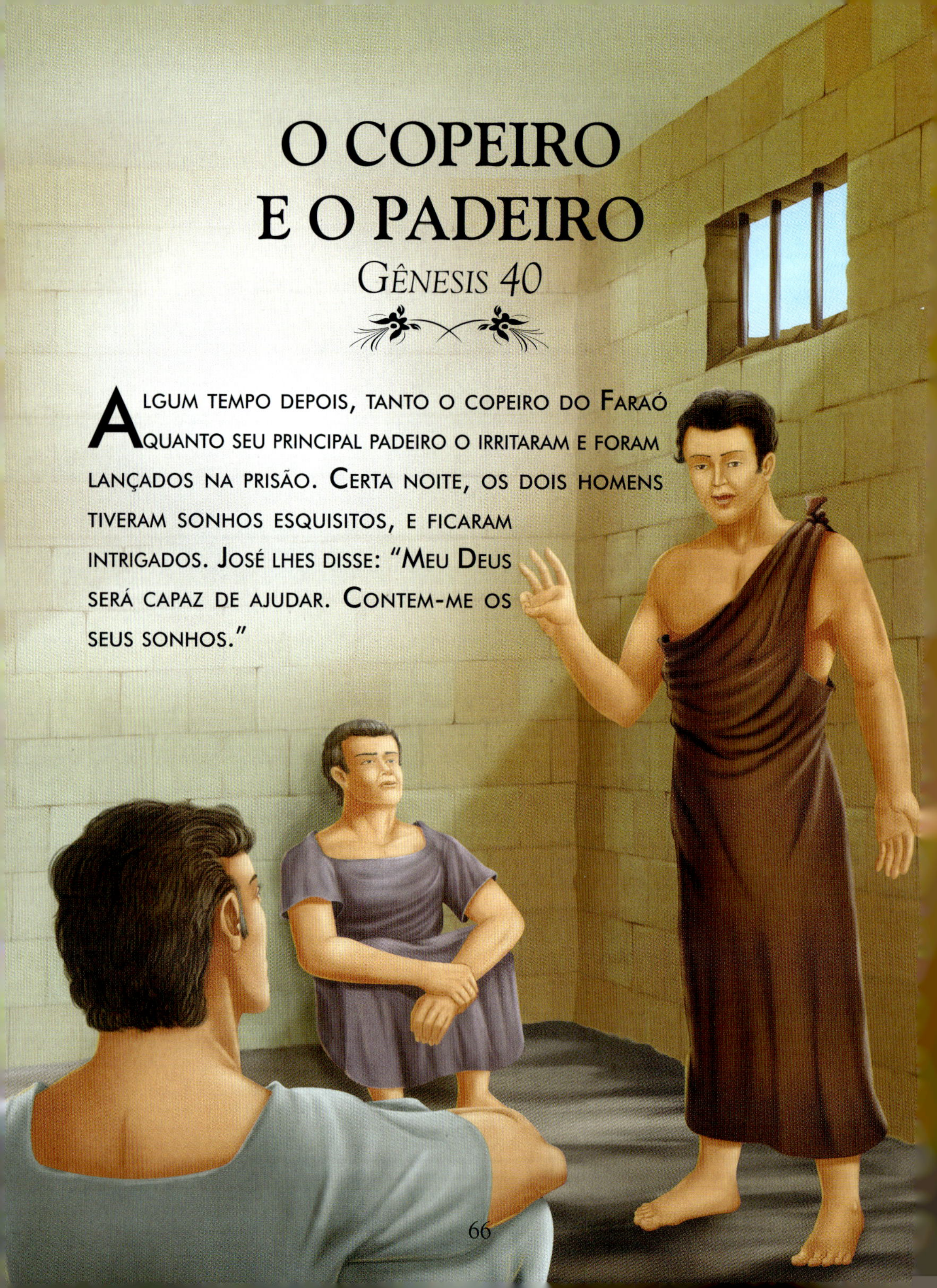

O copeiro começou primeiro: "Em meu sonho, eu vi uma videira com três ramos cobertos de uvas. Peguei as uvas e as espremi dentro da taça do Faraó."

José lhe disse que dentro de três dias o Faraó o perdoaria e o levaria de volta, e José pediu-lhe que se lembrasse dele.

Depois, o padeiro ficou ansioso para lhe contar seu sonho também. "Havia três cestos de pães sobre minha cabeça", disse ele, "mas as aves estavam comendo os pães do Faraó."

José ficou triste. "Dentro de três dias, o Faraó cortará a sua cabeça e as aves comerão a sua carne."

As coisas acabaram acontecendo exatamente como José havia previsto, pois em três dias seria o aniversário do Faraó, e naquele dia ele perdoou o copeiro e lhe deu de volta o seu emprego, mas mandou enforcar o padeiro.

OS SONHOS DO FARAÓ

Gênesis 41

José pedira que o copeiro se lembrasse dele quando tivesse saído da prisão, mas dois anos se passaram antes de o escravo hebreu ser lembrado em seus pensamentos.

E aconteceu assim: certa noite, o Faraó teve um sonho estranho. Ele estava de pé, diante do Rio Nilo, quando deste saíram sete vacas saudáveis e gordas, e elas pastavam entre os juncos. Depois delas, saíam do Nilo outras sete vacas, feias e magras, e ficavam

ao lado das gordas. Então as vacas magras comeram as vacas gordas, e mesmo assim pareciam tão magras e doentias quanto antes.

O Faraó teve outro sonho. Sete saudáveis espigas de trigo estavam crescendo de um único pé. Então, mais sete espigas de trigo brotaram, e estas eram magras e ressecadas pelo vento. As espigas magras engoliram as sete espigas saudáveis, totalmente.

Pela manhã, o Faraó estava preocupado. Ele mandou chamar todos os mágicos e homens sábios do Egito, mas ninguém conseguia interpretar os sonhos.

O QUE ISSO PODE SIGNIFICAR?

Gênesis 41

Foi então que o copeiro se lembrou de José, e o escravo foi posto diante do poderoso Faraó, que lhe pediu para explicar seu sonho.

"Não posso interpretar o sonho", José retrucou ao Faraó, "mas Deus será capaz de dar a interpretação."

Assim que o Faraó relatou seu sonho, José respondeu: "Estes dois sonhos são, na verdade, apenas um único. As sete vacas e as sete espigas de trigo são sete anos. A terra será abençoada com sete anos de colheitas saudáveis e abundantes, mas estes anos serão seguidos por sete anos de fome terrível. O soberano precisará planejar cuidadosamente, e se preparar para o que vem à frente."

Então o Faraó falou com seus conselheiros e se voltou para José, dizendo: "É evidente, para mim, que você é o homem que precisamos. Já que Deus lhe fez saber tudo isso, eu o colocarei no comando da minha terra. Você será o segundo no poder depois de mim, por todo o Egito."

E com isso, o Faraó pôs seu próprio anel real no dedo de José, um colar de ouro ao redor de seu pescoço, e o fez vestir com roupas de linho fino.

UM LÍDER SÁBIO

Gênesis 41

José tinha trinta anos quando foi convocado para o serviço do Faraó, rei do Egito. Andando em uma elegante carruagem, ele viajava pelo país inteiro, garantindo que o alimento fosse estocado para as épocas de miséria à frente deles. Exatamente como ele havia previsto, a terra foi abençoada por sete anos de colheitas abundantes e, assim, tanto trigo foi armazenado nas cidades, que ele até desistiu de contar.

Depois de sete anos, começou a fome. Quando o alimento começou a faltar, no Egito, o Faraó disse ao povo para procurar José.

Então, José abriu os armazéns e vendeu o trigo que tinha sido guardado tão cuidadosamente. Ninguém no Egito passou fome. Na verdade, havia tanta comida no Egito, que povos de todas as terras viajavam para lá para comprar alimento, pois a fome era severa por todo o mundo.

OS IRMÃOS COMPRAM TRIGO

GÊNESIS 42-43

Em Canaã, a fome também havia atingido a família de José. Jacó decidiu enviar seus filhos ao Egito para comprarem trigo. Somente Benjamim ficou em casa, pois Jacó não suportaria a dor se perdesse seu filho caçula. Quando chegaram ao Egito, os irmãos se curvaram diante de José. Com seu colar de ouro e roupas finas, não o reconheceram,

mas José podia ver seus sonhos se tornando realidade, pois eles curvaram suas cabeças e imploraram para comprar alimento.

José queria ver se, afinal, seus irmãos tinham mudado, e então planejou testar a honestidade e lealdade deles. Ele os acusou de serem espiões e, quando protestaram dizendo ser inocentes, ele concordou em deixá-los voltar à Canaã com trigo, com a condição de que retornassem com o seu irmão caçula.

Jacó não queria deixar Benjamim ir, mas por fim teve que concordar, e assim os irmãos retornaram com mais dinheiro para pagar pelo trigo (pois quando tinham aberto os sacos, ficaram aterrorizados ao descobrir que o dinheiro ainda estava com eles!)

O IRMÃO PERDIDO TEMPOS ATRÁS

Gênesis 45

José ficou tão emocionado quando viu Benjamim, que teve que esconder seu rosto. Ele ordenou que seus servos alimentassem os irmãos, depois os enviou para casa com mais trigo; mas antes, mandou esconder uma taça de prata no saco de mantimentos carregado pelo jumento de Benjamim.

Os irmãos estavam viajando para casa quando os guardas os cercaram e os conduziram de volta ao palácio. "Ladrões!", gritou José. "Eu os tratei com bondade, e vocês me retribuem roubando?"

"Deve haver algum engano!", disseram os irmãos, mas quando os guardas verificaram, havia uma taça de prata no saco em poder de Benjamim. Os irmãos se ajoelharam. "Meu Senhor!", eles suplicaram, "leve um de nós, mas não leve Benjamim, pois o coração de nosso pai morrerá de tristeza!"

Com isso, José soube que os corações de seus irmãos não eram mais maldosos, e então ele os abraçou e, entre muitas lágrimas e espanto, José lhes contou que ele era o seu irmão perdido tempos atrás, e que eles não deveriam se sentir culpados, pois tudo aquilo tinha sido parte do plano do Senhor. “Fui enviado para reinar no Egito, para que vocês não morressem de fome em Canaã!”, ele disse, e então os enviou de volta ao seu pai.

RUMO AO EGITO

GÊNESIS 46-47

JACÓ REUNIU TODOS OS SEUS PERTENCES, REBANHOS, GADO E SUA FAMÍLIA, E VIAJOU PARA O EGITO. DEUS FALOU COM ELE, DIZENDO-LHE PARA NÃO FICAR COM MEDO DE IR AO EGITO, POIS ELE OS CONDUZIRIA PARA FORA DAQUELE PAÍS MAIS UMA VEZ, QUANDO CHEGASSE O MOMENTO CERTO. NAQUELES DIAS, OS MEMBROS DA FAMÍLIA DE JACÓ ERAM SETENTA NO TOTAL!

JOSÉ VEIO SE ENCONTRAR COM SEU PAI EM UMA CARRUAGEM MAGNÍFICA, E O LEVOU DE VOLTA AO EGITO, ONDE ELE E SUA FAMÍLIA FORAM TODOS BEM TRATADOS E RECEBERAM TERRAS PERTO DA FRONTEIRA DE CANAÃ, PARA CUIDAR DE SEUS ANIMAIS.

Entretanto, a fome se agravou, e José ficou atarefado, mas ainda havia alimento suficiente para todos (embora tivessem que pagar ao Faraó, que, de fato, se tornara muito rico!). E quando a fome acabou, eles plantaram as sementes que José havia sabiamente guardado.

A MORTE DE JACÓ

Gênesis 48-50

Agora Jacó estava envelhecendo. Mas antes de morrer, ele mandou chamar todos os seus filhos para dar a cada um uma bênção especial, pois eles iriam formar as doze tribos de Israel. Então, nomeou José 'príncipe entre seus irmãos'.

Ele fez José prometer que o enterraria em Canaã, no local em que ele havia enterrado sua esposa Lia, e onde Isaque e Rebeca haviam sido enterrados antes dela, e onde Abraão e Sara haviam sido enterrados antes destes. E quando Jacó deu seu último suspiro, com a permissão do Faraó toda a família dele, exceto as crianças e aqueles que cuidavam dos animais, partiu para Canaã, onde Jacó, também conhecido como Israel, foi enterrado.

ESCRAVOS!

Êxodo 1

Os anos se passaram, e depois que José e seus irmãos também faleceram, suas famílias continuaram a aumentar. E agora havia muitos, muitos hebreus no Egito. O novo rei acreditava que havia hebreus demais em seu país, e temeu que eles pudessem se tornar muito fortes. E, assim, os egípcios lançaram guardas sobre os hebreus e os transformaram em escravos. Eles os forçaram a trabalhar na terra e a construir para eles.

Os hebreus eram tratados impiedosamente; entretanto, ainda cresciam em quantidade, pois as mulheres eram abençoadas por Deus. Então, o novo rei ordenou que qualquer menina que nascesse entre os hebreus poderia viver, mas qualquer menino que nascesse teria de ser morto. Como as parteiras não fizeram como ele ordenara, o rei deu uma nova ordem cruel: "Todos os meninos devem ser afogados no rio Nilo!"

UM BEBÊ NOS JUNCOS

Êxodo 2

Moisés era um menino bonito. Sua mãe o amava muitíssimo, mas ela sabia que se o rei o descobrisse, ele seria morto. Então ela fez um cesto de juncos, embrulhou seu bebê em um manto e o colocou dentro, ternamente. Depois, colocou o cesto dentro da água, entre juncos e arbustos do rio.

Depois de um tempo, a filha do rei desceu até o rio. Ela ouviu um rumor estranho e, ao afastar os juncos, encontrou um adorável menino sorrindo para ela. Ela o apanhou e o segurou gentilmente em seus braços. "Ele deve ser um dos bebês hebreus", pensou ela, sensibilizada.

Miriã, irmã de Moisés, estava escondida, observando tudo. Então ela, corajosamente, se apresentou e ofereceu-se para trazer alguém para amamentar o bebê. Assim que a princesa consentiu com a cabeça, Miriã foi depressa encontrar sua própria mãe e, desta forma, foi a mãe de Miriã que cuidou de seu próprio filho, até que ele estivesse crescido o bastante para a princesa levá-lo ao palácio.

A SARÇA ARDENTE

Êxodo 3-4

Quando Moisés se tornou adulto, ficou chocado ao ver como os egípcios tratavam seus camaradas hebreus, e após matar um egípcio que espancava um escravo hebreu, Moisés teve que sair do Egito e se tornou pastor de ovelhas. Certo dia, enquanto Moisés estava cuidando de suas ovelhas, percebeu que um arbusto por perto estava em chamas; mas as folhas do arbusto não se queimavam! Ao se aproximar, ele ouviu a voz de Deus: "Tire suas sandálias, Moisés, pois aqui é solo sagrado. Eu sou o Deus de seu pai, o Deus de Abraão, de Isaque, e de Jacó." Moisés escondeu seu rosto, de medo.

O Senhor disse, então: "Venho para resgatar o meu povo e tirá-lo do Egito, levando-o para a Terra Prometida. Você tem que ir diante do Faraó e exigir que ele os liberte."

Moisés estava aterrorizado com a ideia de falar com o Faraó, mas Deus lhe disse que estaria com ele e que ele deveria dizer que era Javé* que o havia enviado. Ele prometeu que faria muitos milagres para que, por fim, Faraó deixasse os hebreus partirem.

Moisés estava amedrontado, mas Deus não quis saber de suas desculpas e o mandou de volta ao Egito, embora tivesse enviado junto Arão, irmão de Moisés, para ajudá-lo.

*A palavra hebraica Javé é um nome sagrado para Deus, entre o povo judeu, e é traduzida como "Eu sou o que sou."

O FARAÓ DIZ "NÃO!"

Êxodo 5-7

Quando Moisés e Arão se postaram diante do Faraó e disseram: "O Deus de Israel pede que deixes partir o seu povo, para que possam celebrar uma festa para Ele no deserto", o Faraó não conseguia acreditar na ousadia deles. "Quem é esse Deus de Israel? Eu não o conheço, e não permitirei que os hebreus partam!" E ficou tão furioso que fez os escravos trabalharem ainda mais.

Então Moisés e Arão voltaram ao Faraó, que exigiu alguma prova do deus deles. Desta vez, Arão lançou seu cajado no chão e ele se transformou, instantaneamente, em uma terrível serpente. Mas os mágicos do rei se reuniram e fizeram feitiçarias, e quando lançaram seus cajados no chão, também estes se transformaram em serpentes. E, mesmo tendo a serpente de Arão engolido todas elas, o coração do rei continuava endurecido, e ele não permitiu que os hebreus partissem.

AS PRAGAS

ÊXODO 7-11

ENTÃO O SENHOR ENVIOU UMA SÉRIE DE PRAGAS SOBRE OS EGÍPCIOS, CADA QUAL MAIS TERRÍVEL QUE A ANTERIOR. PRIMEIRO, DEUS TRANSFORMOU AS ÁGUAS DO NILO EM SANGUE, PARA QUE TODOS OS PEIXES MORRESSEM E O AR FICASSE COM CHEIRO RUIM. DEPOIS, ENVIOU A PRAGA DAS RÃS PARA COBRIR O CAMPO E ENCHER AS CASAS. EM SEGUIDA, O PRÓPRIO PÓ DO CHÃO SE TRANSFORMOU EM PIOLHOS, E TUDO FOI COBERTO POR ELES. DEPOIS DISSO, VEIO O ENXAME DE MOSCAS, E ERAM TANTAS QUE O AR FICOU ENEGRECIDO.

ELE ENVIOU A PRAGA ENTRE OS SERES VIVENTES DA TERRA, MAS POUPOU AQUELES QUE PERTENCIAM AOS HEBREUS. DEPOIS, OS EGÍPCIOS FORAM AFLIGIDOS COM TERRÍVEIS SARNAS E ÚLCERAS. EM SEGUIDA, DEUS ENVIOU UMA HORRÍVEL TEMPESTADE DE GRANIZO, QUE DANIFICOU A TERRA.

Então, as plantas que sobreviveram foram consumidas por um enxame de gafanhotos. Nada verde permaneceu na árvore ou planta em toda a terra do Egito. Depois disso, Deus enviou uma escuridão total para cobrir o Egito por três dias.

A cada vez, o Faraó fingia que iria ceder; todavia, cada vez que a praga se retirava, ele se recusava a deixar os hebreus partirem. Diante do coração endurecido de Faraó, o Senhor quis lhe dar uma lição, para mostrar seu verdadeiro poder e garantir que a história fosse contada pelo mundo inteiro.

Mas agora havia chegado a hora da praga final. . .

A PÁSCOA

Êxodo 12

Moisés advertiu o Faraó de que Deus iria passar pela Terra à meia-noite, e cada primogênito da Terra morreria, desde o filho do próprio Faraó até o filho do escravo mais simples, e até mesmo o dos animais. Mas o Faraó não quis saber.

Moisés disse aos israelitas que Deus queria que eles fossem poupados. Cada lar tinha que sacrificar um cordeiro e espalhar um pouco de sangue na verga da porta, e comer a carne preparada de modo especial.

Naquela noite, Deus passou pelo Egito inteiro, e no dia seguinte a Terra estava repleta de sons de lamentos, pois todo filho primogênito havia morrido, até mesmo o filho do poderoso Faraó. Mas os hebreus foram poupados.

Agora os egípcios não viam a hora de se livrar dos hebreus o mais rápido possível, e assim estes se prepararam para deixar o Egito.

O ÊXODO

Êxodo 12-13

Os hebreus viajaram para o Sul pelo deserto, rumo ao Mar Vermelho. De dia, Deus enviava uma grande coluna de nuvem para guiá-los, e de noite eles seguiam uma coluna de fogo. Entretanto, suas preocupações estavam longe de terminar. O Faraó tinha se arrependido de sua decisão de libertá-los, e partiu com seu exército para trazê-los de volta.

Todos aqueles cascos trotando e rodas rangendo levantaram uma enorme nuvem de poeira que os hebreus puderam avistar a quilômetros de distância, e logo entraram em pânico, pois agora o caminho deles estava barrado pelas águas do Mar Vermelho. "Por que você nos trouxe por todo esse caminho até aqui, apenas para morrermos ou sermos arrastados de volta para a escravidão?", gritaram os hebreus, amedrontados, para Moisés. "Teria sido melhor continuarmos escravos dos egípcios que morrer no deserto!"

ATRAVESSANDO O MAR VERMELHO

Êxodo 13-15

Os hebreus esfregavam suas mãos de medo enquanto a poeira lançada pelo exército egípcio se aproximava cada vez mais, porém Moisés não desistiu de sua fé em Deus e ficou firme. "Deus cuidará de nós", disse ele, confiantemente. "E esmagará o nosso inimigo."

Então, Deus disse a Moisés para erguer seu cajado e esticar sua mão sobre o mar para dividir a água, a fim de que os israelitas pudessem atravessá-lo em segurança. E a coluna de nuvem se colocou entre os hebreus e os egípcios, de maneira que estes não conseguiam ver o que estava acontecendo. Nessa hora, Moisés ficou diante do mar e ergueu sua mão, e durante toda aquela noite o Senhor afastou o mar com um forte vento oriental, e o mar se tornou terra seca. As águas foram separadas e os israelitas atravessaram o mar em terra seca, com um muro de água levantado à sua direita e à sua esquerda!

AFOGADOS!

Êxodo 13-15

Os egípcios estavam ávidos atrás dos hebreus e, sem hesitação, os seguiram até o mar, acompanhando o percurso que Deus havia criado. Mas Deus os afligiu com confusão, para que as rodas das carruagens se desprendessem e houvesse caos por toda parte. Então Deus juntou as águas, e os egípcios foram todos varridos para debaixo delas. De todo aquele exército poderoso, não houve sobreviventes – nem um cavalo, nem um soldado!

E o povo de Israel, seguro no outro lado da margem do Mar Vermelho, foi tomado de gratidão e alívio, e cantou e dançou de alegria. Os israelitas souberam, assim, que seu Deus era poderoso e também misericordioso. E todos louvaram a Deus, grandemente.

ALIMENTO E ÁGUA NO DESERTO

Êxodo 15-17

Moisés conduziu seu povo pelo deserto quente e árido. Por três dias eles não encontraram uma gota de água, e quando, por fim, encontraram, a água era muito amarga para beber. O povo esqueceu o que Deus havia feito por eles e começou a se queixar, furiosamente. Deus ajudou Moisés a tornar a água potável, mas eles tiveram que viajar adiante, e logo começaram

a reclamar outra vez. "Vamos morrer de sede ou de fome!", lamentaram. "Por que você nos tirou do Egito para morrer?"

Novamente Deus ajudou seu povo. Ao anoitecer, as codornizes chegavam ao acampamento; nas manhãs, o chão estava coberto de flocos brancos, que tinham sabor de bolacha feita com mel, o que eles chamavam de 'maná'. Pois durante todo o tempo que passaram no deserto, Deus providenciava codornizes e maná para eles. Deus disse a Moisés para, com seus assistentes, bater na rocha, e da rocha fluía água boa, potável, límpida e fresca.

O povo de Israel vagou pelo deserto por muitos anos, e o Senhor lhes deu alimento e água.

OS DEZ MANDAMENTOS

Êxodo 19-20

Moisés conduziu seu povo até o Monte Sinai. Lá, Deus falou com Moisés e lhe disse que se o povo O honrasse e O obedecesse, então Ele sempre estaria com eles. Os anciãos concordaram em fazer tudo o que o Senhor lhes havia dito. Então Deus disse a Moisés que em três dias apareceria para eles no Monte Sinai.

Na manhã do terceiro dia, houve trovões e relâmpagos, com uma nuvem espessa sobre o monte, e um som de trombetas muito forte. O povo tremeu e aguardou ao pé do monte. Então, Deus chamou Moisés até o cume do monte e falou com ele, dizendo:

"Eu sou o Senhor teu Deus, que te tirei da terra do Egito."

"Não terás outros deuses diante de mim."

"Não farás para ti nenhum ídolo falso."

"Não tomarás o nome do SENHOR teu Deus em vão."

"Lembra-te do dia do sábado, para o santificares."

"Honra a teu pai e a tua mãe."

"Não matarás."

"Não adulterarás."

"Não furtarás."

"Não dirás falso testemunho contra o teu próximo."

"Não cobiçarás coisa alguma do teu próximo."

Moisés contou ao povo o que Deus tinha ordenado, e eles prometeram obedecer.

UM LUGAR PARA ADORAR

Êxodo 25-27

Moisés passou muitos dias no Monte Sinai. Deus lhe deu leis para que o povo obedecesse, e então todos pudessem viver em paz e honrando a Deus adequadamente – regras em relação aos alimentos, higiene, sacrifícios, punição e muitas outras coisas. Mas os mais importantes de todos foram os Dez Mandamentos, escritos em duas grandes tábuas de pedra.

Deus disse a Moisés que os israelitas teriam de construir um lugar especial para guardar essas tábuas. Elas teriam de ser mantidas dentro de um baú de madeira, recoberto com o mais puro ouro, conhecido como Arca da Aliança. E ela deveria ser mantida dentro de um santuário interno, sob uma grande tenda, conhecida como Tabernáculo. O Tabernáculo viajaria com os israelitas para onde quer que fossem, e então eles levariam a presença do Senhor com eles em suas viagens pelo deserto.

UM BEZERRO DE OURO

Êxodo 32

Fazia tanto tempo que Moisés havia subido ao cume do monte, que o povo começou a acreditar que ele nunca retornaria. Eles pediram a Arão para lhes fazer deuses que os guiassem. Então Arão pediu que todos juntassem e trouxessem suas joias de ouro, e ele as usou para fazer um belo bezerro de ouro, que foi colocado sobre um altar. O povo se congregou ao redor e começou a adorar o bezerro de ouro.

Deus ficou furioso com eles, e jurou destruí-los, mas Moisés suplicou a Deus para perdoá-los, e Deus teve compaixão.

Então Moisés desceu o monte com as tábuas e, quando viu o povo cantando e dançando ao redor do bezerro de ouro, ficou tão furioso que jogou as tábuas no chão, e elas se despedaçaram. Em seguida, ele queimou o bezerro de ouro e o moeu até que virasse pó.
Deus puniu com uma praga aqueles que haviam pecado.

DEUS MOSTRA SUA GLÓRIA

Êxodo 33-34

Deus disse a Moisés que ele e seu povo teriam que viajar, agora, para a terra que Ele lhes havia prometido, e que enviaria um anjo para guiá-los. Mas Moisés implorou a Deus que ficasse com eles, a fim de que o mundo visse que eles eram o seu povo; e Deus prometeu que ficaria.

Os Dez Mandamentos foram escritos em duas novas tábuas de pedra, e quando Moisés as trouxe para os pés do Monte Sinai, seu rosto resplandeceu com tanto brilho que todos tiveram medo de se aproximar dele. Mas Moisés falou com eles e lhes passou todos os mandamentos que o Senhor havia dado.

E assim eles trabalharam bastante na preparação da tenda sagrada e no lugar especial para as tábuas. Todos faziam o que podiam e traziam qualquer coisa preciosa que possuíam; e quando todo o trabalho estava completo, e tudo tinha sido executado assim como Deus havia ordenado, uma nuvem cobriu a Tenda da Congregação, e a glória do Senhor encheu o Tabernáculo. E à noite ela parecia fogo.

Em todas as viagens dos israelitas, sempre que a nuvem se levantava sobre o Tabernáculo, era o sinal para os israelitas levantarem acampamento e partir.

O DIA DA EXPIAÇÃO

Levítico 16

Então Deus deu a Moisés instruções especiais para Arão. Arão teria que fazer sacrifícios para expiação dos seus próprios pecados e os de sua família e servos. Depois, ele teria de pegar dois bodes do povo. Um era para ser sacrificado a Deus, e o outro deveria levar todos os pecados dos israelitas e então ser mandado embora para o deserto. Era um 'bode expiatório', que levava embora os pecados de todo o povo.

Essa cerimônia teria de acontecer todo ano, no décimo dia do sétimo mês. Era o dia da expiação, e não deveria ser uma ocasião alegre como muitas de outros festivais, mas sim, séria e melancólica, tempo de descanso, que seria passado em oração e reflexão. Deveria ser um dia para buscar o perdão de Deus. Deus ordenou ao povo para jejuar no Dia da Expiação, o que significava que eles não deveriam comer comida alguma ou beber água alguma por um dia inteiro.

"Tudo isso vocês devem fazer", disse Deus, "porque nesse dia será feita a expiação por vocês. Então vocês estarão limpos de todos os seus pecados perante mim."

O POVO RECLAMA

Números 11-12

Mais uma vez o povo começou a reclamar para Moisés. Estavam cansados dos sofrimentos e fartos de comer a mesma comida, dia após dia. "Não é justo!", eles murmuraram. "No Egito, tínhamos pepinos, melões e cebolas – estamos fartos de maná!"

Moisés estava saturado dos resmungos e da reclamação deles. Ele foi falar com Deus. "Meu Senhor", disse ele, "por que tenho que escutar as lamentações deles o tempo inteiro? Por que é sempre comigo?"

E Deus ficou com pena dele e repartiu, com setenta dos anciãos, um pouco do espírito que Ele havia dado a Moisés. "Desta maneira", disse Deus, "eles o ajudarão a levar o fardo do povo."

Só que Miriã e Arão começaram a reclamar que Moisés não era o único importante entre eles. "Deus não tem falado através de nós também?", eles resmungaram. Deus ficou zangado e lhes disse, firmemente: "Quando um profeta do Senhor está entre vocês, me revelo a ele por meio de visões e falo com ele em sonhos. Mas com Moisés eu falo face a face. Ele enxerga a minha verdadeira essência. Como vocês ousam, então, falar contra o meu servo Moisés?" Ele estava tão furioso que puniu Miriã com lepra, por sete dias.

OS DOZE ESPIÕES

Números 13-14

Deus disse a Moisés para enviar alguns homens para explorar Canaã, a terra que Ele reservava para os israelitas. Então Moisés escolheu doze homens, um de cada uma das tribos que vieram dos filhos de Jacó e os enviou para descobrir como era a terra. Eles voltaram carregados de frutas suculentas. "A terra, realmente, emana leite e mel, exatamente como Deus prometeu!", eles se entusiasmaram. Mas também disseram que havia muitos povos vivendo ali e que as cidades eram bem protegidas. Somente dois deles, Calebe e Josué, foram corajosos o bastante e confiaram em Deus o suficiente para crer que poderiam tomar a terra que Deus lhes havia prometido.

Deus ficou zangado com os israelitas, por não confiarem nele. Ele ameaçou matar a todos, mas Moisés implorou em favor deles e Deus se compadeceu. Mas Deus lhes disse que nenhum daqueles que haviam duvidado Dele jamais colocaria os pés na Terra prometida. E Deus abateu aqueles homens que tinham sido enviados para explorar Canaã e que haviam duvidado Dele e espalhado o medo entre o povo de Israel. Também amaldiçoou a vagar pelo deserto, por mais quarenta anos, o restante dos israelitas que haviam duvidado.

REBELIÃO!

Números 16-17

Alguns dos líderes começaram a se levantar contra Moisés e Arão. Eles se reuniram com o restante dos anciãos na entrada da Tenda da Congregação. Então Deus disse a Moisés e Arão para saírem do caminho, para que Ele pudesse dar um fim neles.

Mas Moisés e Arão imploraram a Deus para não punir a congregação inteira, e assim Deus fez o restante dos anciãos se mudar das tendas daqueles que tinham falado contra Moisés e Arão. E quando tinham feito assim, o chão debaixo daquelas tendas se partiu, a terra se abriu e os engoliu, e aos líderes da rebelião e suas famílias também!

Naquela noite, Deus disse aos doze líderes para cada um deixar uma vara na Tenda da Congregação. De manhã, Moisés entrou e descobriu que na vara de Arão haviam brotado folhas e brotos, que ela florescera e até mesmo produzira amêndoas maduras! Deus disse a Moisés: "Coloque a vara de Arão de volta na tenda, para ser mantida como um sinal aos rebeldes", e que, de agora em diante, ninguém, além dos membros da tribo de Arão, os Levitas, poderá se aproximar da tenda.

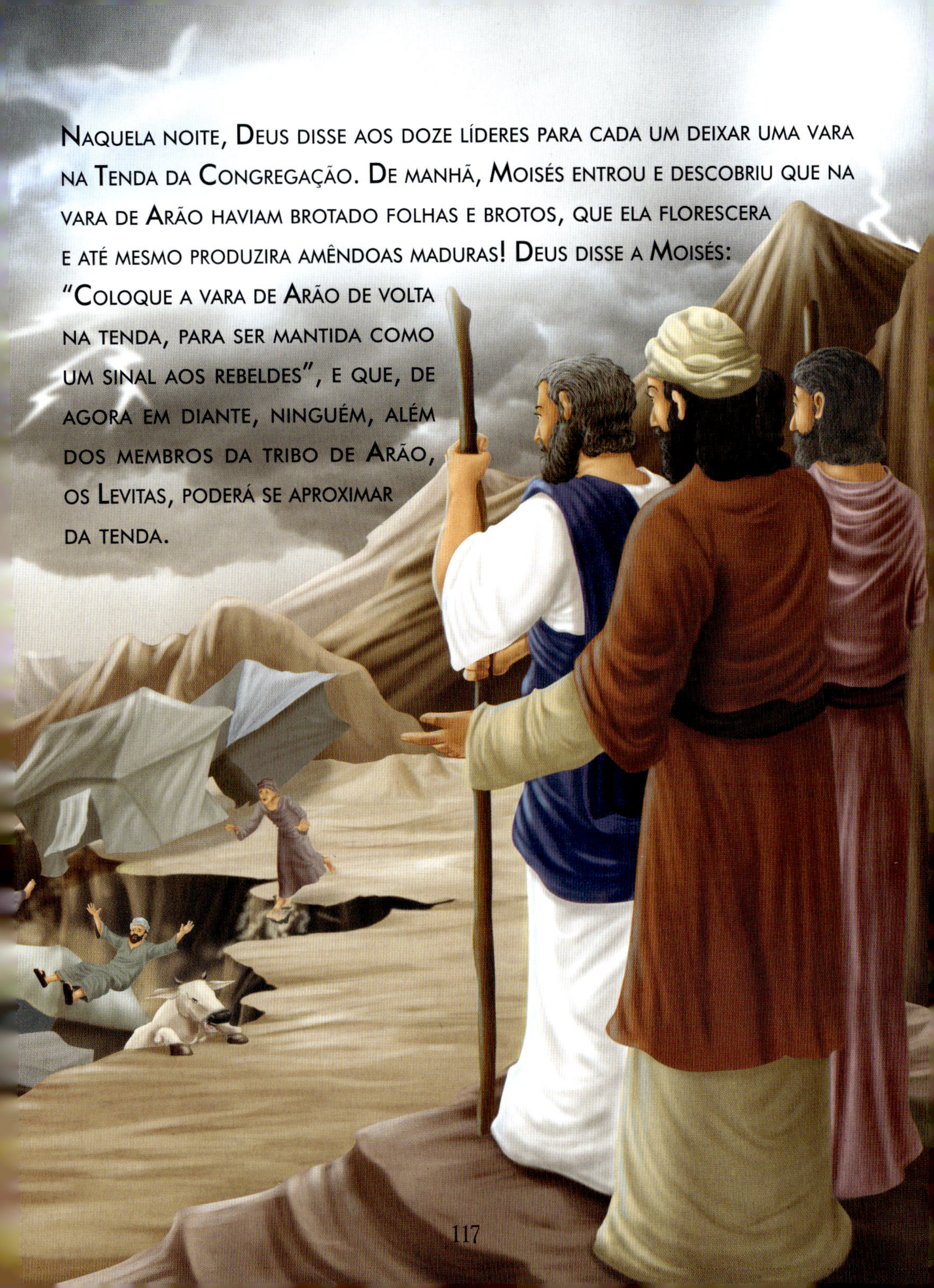

ÁGUA DA ROCHA

Números 20

Mesmo com a questão da liderança resolvida, a murmuração do povo não cessou, pois eles ainda estavam no deserto e sedentos. Moisés e Arão pediram a Deus para ajudá-los mais uma vez, e Ele lhes disse para pegarem a vara e reunirem todos diante de uma grande rocha. "Falem com aquela rocha diante dos olhos deles, e ela verterá sua água", Ele lhes ordenou.

Moisés e Arão reuniram o povo. "Escutem agora, rebeldes: temos que tirar água desta rocha para vocês?", disse Moisés, e então bateu na rocha duas vezes com sua vara. A água jorrou e todos puderam beber.

Mas Deus ficou desapontado, porque Moisés não havia seguido suas instruções nem tinha dado o mérito a Deus. E, assim, Deus disse ao povo que eles nunca entrariam na Terra Prometida.

A COBRA DE BRONZE

Números 21

Os israelitas tiveram que viajar muito pelo deserto. Mas embora Deus os ajudasse a subjugar o povo e as cidades que estavam no caminho deles, o povo ainda se queixava. Eles falavam contra Deus e contra Moisés, murmurando: "Por que você nos tirou do Egito para morrer no deserto? Não há pão, e mal temos alguma água! E estamos fartos e cansados deste alimento miserável!"

Quando Deus viu a ingratidão deles, enviou cobras venenosas entre eles e muitos israelitas morreram. O povo foi até Moisés e disse: "Foi errado de nossa parte falar contra Deus. Por favor, peça a Deus para mandar as cobras embora!" Então Moisés orou.

Nesse momento, Deus disse a ele: "Faça uma cobra e a coloque no alto de um poste; qualquer um que for picado poderá olhar para ela e viver." E assim Moisés fez uma cobra de bronze e a colocou no alto de um poste. Quando alguém era picado por uma cobra e olhava para a cobra de bronze, sobrevivia.

O JUMENTO E O ANJO

Números 22

Os Moabitas estavam preocupados. Os israelitas haviam acampado nas redondezas e eles temiam que, se guerreassem, seriam destruídos. O rei deles, Balaque, enviou mensagem para um profeta chamado Balaão para rogar maldição sobre os israelitas. Balaão ganhava a vida fazendo profecias e rogando maldições ou bênçãos em troca de dinheiro.

Quando o mensageiro veio buscar Balaão, o profeta perguntou a Deus o que deveria fazer, e Deus disse que Balaão não deveria amaldiçoar os israelitas, pois eles eram abençoados por Ele.

Então Balaão disse aos mensageiros para voltar. Baraque enviou mais mensageiros e ofereceu mais dinheiro. Balaão disse que não poderia ajudar, mas que ali passassem a noite e ele falaria com Deus novamente – mesmo que Deus já tivesse dito 'não!'

Naquela noite, Deus disse a Balaão que poderia ir, mas teria que dizer exatamente o que Deus lhe havia ordenado. Então, na manhã seguinte, Balaão partiu em seu jumento. Durante o percurso, o jumento de repente saiu da estrada, pois um anjo bloqueava a passagem. Balaão não podia vê-lo e tentou forçar o jumento a prosseguir. Quando o jumento se deitou, ele começou a espancá-lo. Então Deus fez o jumento falar. "Por que você está me batendo?", perguntou o jumento, e Balaão respondeu, espantado: "Porque você está me fazendo de bobo!"

Então Deus abriu os olhos de Balaão, para que ele também pudesse enxergar o anjo que estava no caminho. Balaão caiu de joelhos, de medo. Deus lhe disse para ir ao rei e falar somente as palavras que Deus colocasse em sua boca. Em Moabe, para o terror do rei, Balaão abençoou os israelitas em vez de amaldiçoá-los, e advertiu que os inimigos de Israel seriam subjugados e que Moabe seria destruída.

HORA DA MUDANÇA

Números 27

Deus disse a Moisés que em breve seria a hora de ele deixar seu povo. Deus disse que permitiria que Moisés visse a Terra Prometida aos israelitas, mas não o deixaria entrar nela. Moisés pediu a Deus para escolher alguém para liderar o povo após sua morte, e o Senhor escolheu Josué, que já havia demonstrado sua fé em Deus.

Porém, os Rubenitas e os Gaditas tinham rebanhos e manadas muito grandes. Eles pediram para ficar naquele lado do Rio Jordão, pois a

terra era boa para pastagem. Moisés concordou que, se todos os seus homens ajudassem na luta para conquistar Canaã, então após a sua vitória eles poderiam voltar e requerer essa terra.

Deus disse aos israelitas que teriam de expulsar os habitantes da terra diante deles, e destruir todas as suas imagens de escultura, ídolos e templos, pois Ele não estava dando a terra aos israelitas porque eram bons, mas porque aqueles que viviam ali eram perversos.

ESCOLHENDO A VIDA

Deuteronômio 29-30

Moisés reuniu o povo ao seu redor, visto que Deus queria que eles renovassem a aliança que o Senhor havia feito com eles. Moisés os fez recordar de tudo o que Deus havia feito por eles e que Deus se zangaria se eles se voltassem contra Ele e buscassem adorar outros deuses. Mas se obedecessem a Deus de todo o seu coração e alma, e guardassem seus mandamentos, então Ele cuidaria deles onde quer que estivessem e os levaria à Terra Prometida aos seus pais, e eles seriam ricos e bem-sucedidos.

"Hoje coloco diante de vocês uma escolha entre a vida e a morte. Se vocês, verdadeiramente, amarem ao Senhor e obedecerem a todos os seus mandamentos, então vocês e seus filhos viverão felizes na Terra Prometida. Mas se vocês não obedecerem a Deus, se adorarem a outros deuses, então vocês serão destruídos. Portanto, escolham a vida, pois o Senhor é a sua vida e Ele estará com vocês na terra que foi prometida!

PASSANDO O LEGADO PARA JOSUÉ

Deuteronômio 31-32

Moisés estava agora bastante idoso. Ele convocou o povo de Israel e disse: "Deus me disse que eu não entrarei na Terra Prometida. Josué conduzirá vocês até lá. Vocês devem ser corajosos e fortes, e Deus não abandonará vocês." E disse a Josué, em frente de todo o povo: "Seja forte e corajoso, porque você deve conduzir este povo até a Terra Prometida e dividi-la entre eles. O próprio Senhor vai adiante de você e estará com você; Ele nunca vai abandoná-lo nem desampará-lo; portanto, não tenha medo ou desânimo."

Deus falou com Moisés e Josué em particular, fora da Tenda da Congregação, e disse a Moisés como este deveria falar com o povo, pois sabia que em breve seus membros de voltariam contra Deus. Então Moisés se dirigiu ao povo: "Vocês têm sido teimosos e rebeldes comigo

sendo seu líder. O quanto vocês serão piores após eu morrer?" E ele falou sobre o que havia acontecido e o que aconteceria. "Levem as minhas palavras no seu coração", disse ele. "Estas palavras são a sua vida – se obedecerem às palavras da Lei, então Deus estará com vocês e seus filhos."

Deus tinha algumas palavras especiais para Josué. "Você liderará o povo até a terra que prometi a vocês. Não tenha medo, Josué, pois estarei com você."

MOISÉS VÊ A TERRA PROMETIDA

Deuteronômio 33-34

Chegara a hora de Moisés deixar seu povo. Antes de falecer, ele os reuniu diante dele e disse: "Vocês são verdadeiramente abençoados! Quem é igual a vocês, um povo salvo pelo Senhor? Ele é o seu escudo e ajudante e a sua espada gloriosa. Os seus inimigos se sujeitarão a vocês e vocês pisarão sobre as suas alturas."

Moisés subiu o Monte Nebo e o Senhor lhe mostrou a terra inteira de Canaã, a distância. E assim morreu ele no monte e se juntou aos seus antepassados. Ele tinha cento e vinte anos quando morreu; todavia, seus olhos nunca se escureceram, nem o seu vigor o deixou.

O povo o pranteou por trinta dias. Eles sabiam que nunca mais haveria outro profeta como ele, que havia falado com o Senhor face a face.

OS ESPIAS EM JERICÓ

Josué 1-4

Deus havia prometido a terra de Canaã aos israelitas. Por muitos anos eles haviam vagado no deserto árido, mas agora era hora de atravessar o Rio Jordão para chegar à Terra Prometida, onde alimento e água eram abundantes e a terra era verde e viçosa.

Josué enviou dois espias para a cidade de Jericó, nas ribanceiras distantes do rio. Eles passaram a noite na casa de uma mulher chamada Raabe, mas o rei ouviu que havia espias em sua cidade e enviou soldados para procurá-los. A bondosa Raabe escondeu os homens em seu terraço e, quando os soldados vieram bater à sua porta, ela os mandou embora depressa. Então ela deu aos espias algumas cordas para que pudessem descer, pois a sua casa fazia parte do muro da cidade. "O povo de Jericó vive com medo da sua vinda", ela lhes disse, "pois ouvimos o quanto o seu Deus é poderoso. Por favor, salvem a minha família e a mim quando vocês atacarem Jericó!"

Os espias disseram para Raabe amarrar um pedaço de cordão vermelho na janela e certificar-se de que toda a sua família estivesse dentro de casa quando os israelitas atacassem. Mas eles a advertiram para não falar uma palavra sequer sobre eles, porque se ela o fizesse eles não teriam misericórdia dela.

ATRAVESSANDO O RIO

Josué 5-6

O Rio Jordão estava transbordando. A mudança das correntes de água era traiçoeira, e não havia ponte ou vau. Todavia, Deus tinha dito ao povo que hoje eles atravessariam o rio rumo à Terra Prometida! Josué disse a todos para reunir seus pertences e então enviou os sacerdotes na frente, carregando a Arca da Aliança. Assim que seus pés tocaram a água, ela parou de fluir e se transformou em um muro enorme, e uma trilha seca se estendeu diante dos sacerdotes! Eles foram pelo caminho até a metade do leito do rio, e então o povo de Israel começou a atravessar sem perigo. Nem uma gota de água os tocou!

Havia tantos deles que levou o dia inteiro para atravessarem, mas ao cair da noite os filhos de Israel tinham finalmente chegado à Terra Prometida a eles por Deus, tantos anos atrás.

Antes de os sacerdotes terminarem de atravessar o rio, Josué solicitou que um homem de cada uma das doze tribos de Israel erguesse uma pedra do meio do leito do rio, onde os sacerdotes tinham ficado parados. Assim que os sacerdotes pisaram em terra firme, o rio voltou ao estado normal mais uma vez. Então Josué recolheu as doze pedras e as empilhou em um monte, como um lembrete ao povo de como as águas do rio tinham cessado diante da Arca da Aliança, e como Deus os tinha feito atravessar o rio a salvo para chegarem à Terra Prometida.

OS MUROS DE JERICÓ

Josué 6

Os israelitas levantaram o cerco a Jericó. Ninguém saía e ninguém entrava, e dentro dos muros as pessoas estavam aterrorizadas. Então, Deus disse a Josué: "Eu entreguei Jericó nas suas mãos. Marchem ao redor da cidade uma vez, com todos os homens de guerra.

Façam assim por seis dias. E sete sacerdotes levarão trombetas adiante da arca. No sétimo dia, marchem ao redor da cidade sete vezes, com os sacerdotes tocando as trombetas. Quando os ouvir tocando prolongadamente suas trombetas, faça todo o povo dar um grande brado; então os muros da cidade desmoronarão e Jericó será de vocês." Por seis dias os israelitas marcharam ao redor da cidade assim como Deus lhes tinha dito, e no sétimo dia eles marcharam ao redor de Jericó sete vezes, e, na última vez, quando os sacerdotes tocaram as trombetas, Josué ordenou ao povo: "Agora gritem fortemente! Pois o Senhor lhes deu a cidade!"

Quando as trombetas tocaram, o povo deu um brado poderoso e os muros da cidade tremeram e então ruíram diante deles! Os soldados atacaram e tomaram a cidade. Apenas Raabe e sua família foram poupadas, pois a cidade e tudo o que nela havia foi queimado, exceto a prata, o outro, o bronze e o ferro.

E a história de como o Senhor tinha ajudado Josué a tomar Jericó se espalhou por toda a terra!

MANTENDO A PROMESSA

Josué 9-24

Quando o povo da cidade vizinha de Gibeom ouviu como Jericó havia sido destruída, temeram por suas próprias vidas. Eles decidiram enganar os israelitas, propondo-lhes um tratado de paz e fingindo virem de uma terra distante.

Eles enviaram mensageiros vestidos de farrapos, com pão mofado e odres vazando. Quando Josué perguntou quem eles eram, eles responderam: "Viajamos um longo percurso. Este pão pegamos quente dos fornos quando partimos. Agora está mofado. E nossos sapatos estão quase furados, de tanto caminhar!"

Josué fez um acordo de paz com os homens de Gibeom e jurou mantê-los. Quando os israelitas descobriram a verdade, ficaram furiosos; porém, quando Gibeom foi atacada logo depois, os israelitas vieram para acudi-los, pois Josué era honrado. Deus não tinha se agradado de sua imprudência ao assinar o acordo, mas ficou contente por Josué manter sua palavra. Ele ajudou os israelitas a derrotar os inimigos de Gibeom, e até fez o sol e a lua pararem até que eles tivessem se vingado!

O povo de Israel teve muitas outras batalhas para vencer, mas, com a ajuda de Deus, a terra tornou-se, finalmente, deles.

DÉBORA E BARAQUE

Juízes 4-5

Muitos anos se passaram. As pessoas se voltaram contra Deus e seguiram caminhos perversos. Deus estava zangado e permitiu que o inimigo delas, Rei Jabim, e o comandante de seus exércitos, o general Sísera, os conquistassem. Quando o povo suplicou mais uma vez a Deus para ajudá-los, Ele falou com Débora, uma mulher sábia que Ele havia enviado para ser juíza sobre Israel, e lhe disse o que fazer.

Ela mandou chamar um soldado chamado Baraque e lhe disse para reunir um exército de dez mil homens no Monte Tabor, e que Deus entregaria Sísera e todos os seus soldados em suas mãos. Baraque concordou em ir, mas somente se Débora também fosse! Ela lhe disse que, pelo fato de não ter confiado em Deus, a honra da vitória final seria dada a uma mulher.

Os israelitas encontraram Sísera e suas carruagens nas encostas do Monte Tabor e, já que o Senhor estava com eles, nem um único soldado inimigo escapou – todos foram mortos! Mas Sísera conseguiu escapar e se escondeu na tenda

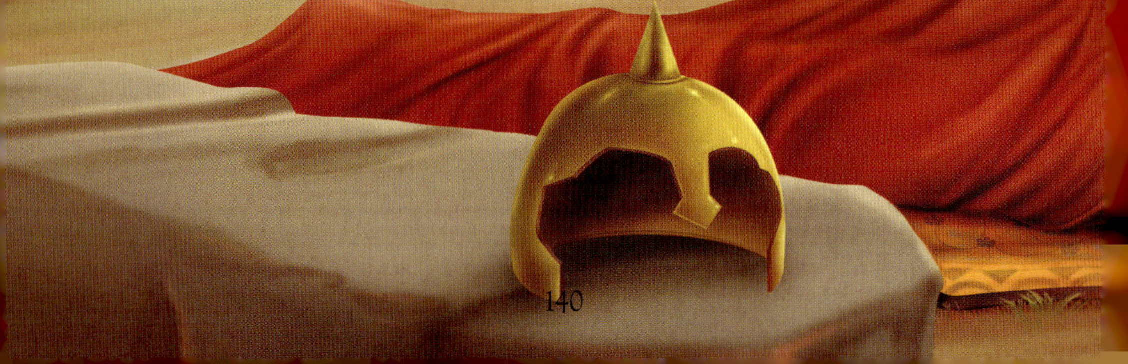

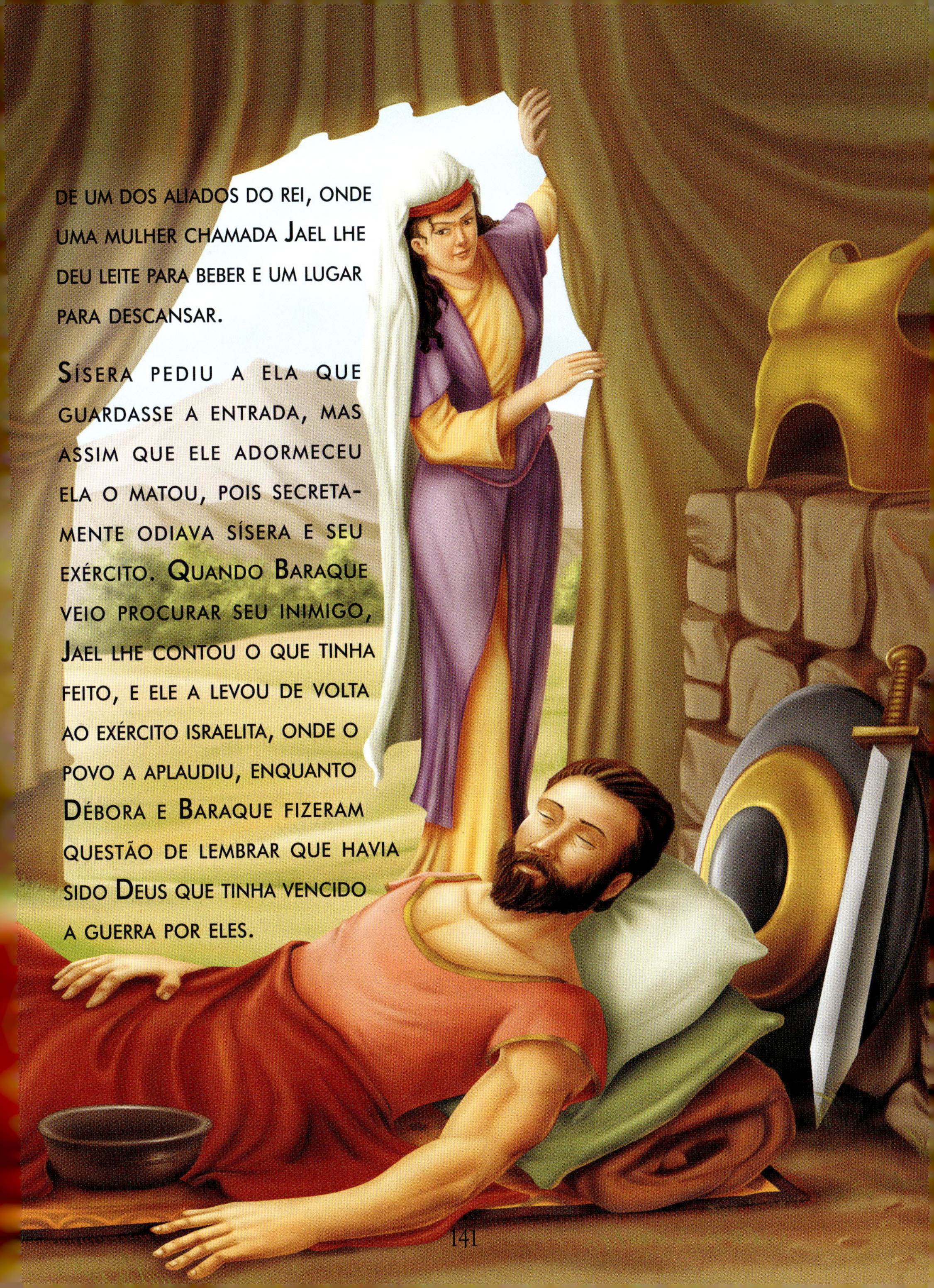

DE UM DOS ALIADOS DO REI, ONDE UMA MULHER CHAMADA JAEL LHE DEU LEITE PARA BEBER E UM LUGAR PARA DESCANSAR.

SÍSERA PEDIU A ELA QUE GUARDASSE A ENTRADA, MAS ASSIM QUE ELE ADORMECEU ELA O MATOU, POIS SECRETAMENTE ODIAVA SÍSERA E SEU EXÉRCITO. QUANDO BARAQUE VEIO PROCURAR SEU INIMIGO, JAEL LHE CONTOU O QUE TINHA FEITO, E ELE A LEVOU DE VOLTA AO EXÉRCITO ISRAELITA, ONDE O POVO A APLAUDIU, ENQUANTO DÉBORA E BARAQUE FIZERAM QUESTÃO DE LEMBRAR QUE HAVIA SIDO DEUS QUE TINHA VENCIDO A GUERRA POR ELES.

DEUS CONVOCA GIDEÃO

Juízes 6

Com o tempo, os israelitas voltaram aos seus caminhos perversos, e assim, quando os terríveis Midianitas vieram para tomar a sua terra, Deus não os ajudou. Por sete longos anos os israelitas foram forçados a se esconder nas montanhas, enquanto os Midianitas saqueavam suas colheitas

e animais. Em desespero, o povo suplicou a Deus, que enviou um mensageiro a Gideão para lhe dizer que ele tinha sido escolhido para abater os Midianitas. Gideão ficou chocado e mal pôde acreditar. Deus lhe disse para derrubar um altar a Baal no vilarejo e erigir um novo altar para Deus. Gideão fez a obra com alguns servos, na escuridão da noite.

Quando descobriram isso, os habitantes do vilarejo quiseram matá-lo, mas seu pai lhes disse: "Se Baal é um deus de verdade, ele pode se defender quando alguém quebrar seu altar!" E assim eles deixaram Gideão em paz. Gideão ainda não estava convencido de que era o homem certo para a tarefa. Ele pediu a Deus um sinal especial. "Eu deixarei este velo de lã no chão. Se, pela manhã, estiver molhado, mas o chão ao redor dele seco, então eu saberei que o Senhor está me usando para salvar Israel."

De manhã o velo de lã estava encharcado, mas o chão ao redor, seco. Ainda assim, Gideão implorou por um último sinal. "Amanhã deixe o velo de lã ficar seco, mas o chão ao redor, molhado." E assim aconteceu – agora Gideão estava convencido!

GIDEÃO E OS TREZENTOS HOMENS

Juízes 7-8

Gideão e os homens que tinham se aliado a ele olharam para as tendas dos midianitas. Estes se estendiam tão longe quanto a vista alcançava, cobrindo a terra feito uma multidão de formigas assassinas! Mesmo assim, Deus disse a Gideão: "Você tem homens demais. Eu não quero que os israelitas pensem que eles venceram por causa de suas próprias forças. Diga a quem estiver com medo que pode ir para casa."

Depois de Gideão ter falado com seu exército, apenas dez mil permaneceram! Mas Deus disse: "Você ainda tem muitos homens. Diga-lhes para irem beber água, e leve com

você apenas aqueles que apanharem a água em suas mãos e a levarem à boca para beber, não aqueles que a beberem se abaixando de joelhos no chão." Depois disto, sobraram somente trezentos homens!

Naquela noite, Gideão desceu às tendas dos midianitas – como eles poderiam de algum modo vencer? Deus sabia que ele estava ansioso e

LHE DISSE PARA RASTEJAR ATÉ O ACAMPAMENTO INIMIGO, ONDE ELE CONSEGUIU OUVIR OS SOLDADOS RELATANDO PESADELOS SOBRE PERDER A GUERRA! GIDEÃO RETORNOU CHEIO DE CONFIANÇA E INSTIGOU SEUS HOMENS, DANDO A TODOS ELES TROMBETAS E CÂNTAROS VAZIOS, COM TOCHAS ACESAS DENTRO.

OS HOMENS CHEGARAM AOS LIMITES DO ACAMPAMENTO E, SEGUINDO O SINAL DE GIDEÃO, TODOS TOCARAM SUAS TROMBETAS, QUEBRARAM OS CÂNTAROS E BRADARAM VIGOROSAMENTE. O BARULHO INTENSO E A LUZ REPENTINA AMEDRONTARAM TANTO OS MIDIANITAS QUE O ACAMPAMENTO SE VIU EM GRANDE CONFUSÃO E OS SOLDADOS FUGIRAM DE TERROR, ATÉ MESMO VOLTANDO-SE UNS CONTRA OS OUTROS, DEVIDO AO SEU MEDO!

DESTA MANEIRA, GIDEÃO E DEUS DERROTARAM OS MIDIANITAS COM APENAS TREZENTOS HOMENS!

A PROMESSA DE JEFTÉ

Juízes 11

Novamente o povo de Israel estava sob ataque, e desta vez o líder deles era um homem corajoso e respeitável chamado Jefté. Antes de os liderar em batalha, Jefté conversou com Deus. "Ó Deus, se você entregar os amonitas nas minhas mãos, eu solenemente juro que ao regressar vou sacrificar ao Senhor a primeira coisa que, saindo da porta da minha casa, vier ao meu encontro!"

Então Jefté saiu para combater seu inimigo e, porque Deus estava com ele, venceu.

Mas ao regressar à sua casa, quem saiu para encontrá-lo foi sua adorável filha, sua única e amada filha! Quando ele a viu, rasgou suas vestes e gritou alto, de desespero, pois ele havia contado a ela sobre seu voto a Deus, ao que ela respondeu triste, mas solenemente: "Meu pai, você deu sua palavra ao Senhor e tem que manter a sua promessa. Conceda-me apenas uma coisa", ela pediu. "Dê-me dois meses para sofrer o meu pesar."

E assim, por dois meses a filha de Jefté foi para as colinas com suas amigas e chorou por causa da vida que não teria. Mas ao término dos dois meses, ela retornou ao seu pai e ele manteve sua promessa a Deus.

SANSÃO, O FORTE

Juízes 13

Mais uma vez os israelitas retornaram aos seus caminhos pecaminosos, e agora o Senhor os entregou nas mãos dos filisteus. Por quarenta anos os israelitas foram escravizados por seus inimigos. Um dia, Deus enviou uma mensagem para um homem chamado Manoá e sua esposa, que viviam em Zorá: "Vocês terão um filho que, quando adulto, vai libertá-los dos filisteus." Manoá e sua esposa vinham tentando ter um bebê por anos, sem sucesso, e então ficaram maravilhados e empolgados com essas notícias. Quando o filho deles nasceu, eles o chamaram de Sansão, e nem sequer uma vez cortaram seu cabelo. Era um sinal de que ele pertencia a Deus de uma maneira muito especial.

Certo dia, quando Sansão já era mais adulto, foi agarrado por um dos mais ferozes leões que vagava pela região de Canaã. Sansão foi tomado pelo Espírito do Senhor e se tornou tão forte que foi capaz de matar a fera com suas próprias mãos!

SANSÃO E DALILA

Juízes 16

Sansão era um tormento na vida dos filisteus. Embora ele nunca conduzisse um exército, efetuou muitos ataques contra eles. Mas quando ele se apaixonou por Dalila, uma bela mulher filisteia, eles a subornaram para que ela descobrisse o segredo da força de Sansão.

Noite após noite, Dalila imploraria a Sansão que lhe contasse seu segredo. Por fim, ela o venceu pelo cansaço e ele disse: "Se alguém cortar o meu cabelo, então perderei toda a minha força." Quando Sansão acordou, percebeu que os filisteus tinham entrado em seu aposento e cortado seu cabelo. Agora ele estava fraco, pois eles o amarraram, o cobriram com uma venda e o jogaram na prisão!

Com o tempo, o cabelo de Sansão voltou a crescer. Certo dia, os governadores palestinos estavam todos reunidos para uma festividade em um templo lotado. Sansão foi trazido para ser ridicularizado. Ele estava acorrentado entre os dois pilares centrais do templo. Então Sansão orou a Deus com todo o seu coração: "Dê-me força somente mais uma vez, meu Senhor, para que eu possa me vingar de meus inimigos!"

Mais uma vez Sansão ficou cheio de força. Ele arremeteu contra os pilares com toda a sua força e eles tombaram, e o templo desmoronou, matando todos os que estavam dentro. Sansão matou mais de seus inimigos neste ato final do que ele havia matado durante toda a vida!

A LEAL RUTE

Rute 1-4

Noemi estava retornando a Belém. Seu marido e seus filhos haviam falecido, e ela queria ir para casa, mas implorou às suas amadas noras, Órfa e Rute, para ficarem ali, pois ela estava sem dinheiro e sua vida seria dura.

Órfa e Rute amavam Noemi ternamente, e não queriam ficar, mas finalmente Órfa concordou em ir para a casa de seus pais. A leal Rute, entretanto, disse: "Não me peça para ir embora! Eu irei aonde quer que você for. O seu povo será o meu povo e o seu Deus será o meu Deus."

E assim Rute e Noemi foram para Belém. Logo elas ficaram sem comida alguma, e a corajosa Rute saiu para os campos em que os trabalhadores estavam colhendo as plantações e perguntou ao dono se ela poderia apanhar das cevadas que seus trabalhadores deixavam para trás.

Esse homem era Boaz, e ele gentilmente permitiu a Rute trabalhar em seus campos, e disse a seus servos para dividirem a comida deles com ela. Quando Rute retornou com um cesto cheio de alimento, Noemi percebeu que o Senhor estava cuidando delas, pois Boaz era seu parente. Passado algum tempo, Rute se casou com ele e, quando tiveram um filho, não havia mulher mais feliz por toda a Belém do que Noemi!

DEUS OUVE A ORAÇÃO DE ANA

I Samuel 1

Ana ansiava por ter um filho. Ela não conseguia pensar em nada mais. Certo ano, quando eles estavam visitando o templo, ela foi até a porta do tabernáculo sagrado e, chorando amargamente, começou a orar. "Querido Senhor, por favor, me dê um filho, pois sou tão infeliz", ela implorou. "Eu prometo que se o senhor fizer assim, eu o darei ao senhor para servir por todos os dias de sua vida!" Quando Eli, o sacerdote, viu Ana e ficou sabendo de suas aflições, ele a enviou para casa gentilmente, dizendo: "Que Deus atenda à sua oração."

Ana saiu, sentindo como se um grande peso tivesse sido retirado de seus ombros. Ela havia falado com Deus – agora Ele decidiria o que seria melhor para ela. E como ela ficou emocionada quando, algum tempo depois, deu à luz um belo menino e o chamou de Samuel!

Ela não se esqueceu de sua promessa a Deus, pois quando o menino tinha idade suficiente, ela o levou ao templo, sabendo que seria bem cuidado pelo gentil sacerdote. Todos os anos ela o visitava, e Deus, sabendo o quanto tinha sido difícil para ela desistir de seu filho, a abençoou com mais filhos para amar e cuidar em casa.

UMA VOZ NA NOITE

I Samuel 3

Eli se afeiçoou a Samuel, pois ele era um bom menino. Certa noite, Samuel acordou com um susto ao ouvir chamarem seu nome. Ele se apressou a ir ao quarto de Eli, mas o sacerdote o mandou de volta para a cama, dizendo: "Eu não o chamei, menino."

Samuel mal tinha puxado as cobertas sobre si, quando ouviu chamarem seu nome outra vez. Assim como antes, ele atendeu depressa, porém novamente Eli o mandou embora. Isso aconteceu mais uma vez, até que Eli percebeu que quem estava chamando por Samuel era, na verdade, Deus!

Então Samuel voltou para a cama e, quando Deus falou com ele de novo, Samuel respondeu. Então Deus lhe disse que tinha decidido julgar a família de Eli, pois seus filhos eram perversos e Eli não os tinha impedido. Na manhã seguinte, Samuel estava relutante em contar ao sacerdote o que Deus havia dito, mas quando o fez, Eli suspirou com resignação: "Ele é o Senhor. Deixe-O fazer o que é certo aos Seus olhos."

À medida que Samuel crescia, Deus muitas vezes falava com ele e, com o passar do tempo, as pessoas começaram a escutar o que Samuel tinha a dizer.

A ARCA É CAPTURADA!

I Samuel 4-5

Os israelitas estavam mais uma vez em guerra com os filisteus. As coisas não estavam indo bem, então eles decidiram levar a Arca da Aliança para a batalha, pois esperavam que ela lhes trouxesse a vitória. Acreditavam que Deus estaria então com eles, mas os filisteus lutaram tão ferozmente que massacraram todos os israelitas, e ainda roubaram a Arca da Aliança!

Com a vitória, os filisteus colocaram a Arca dentro do templo do deus deles. Pela manhã, viram que a estátua do deus havia tombado! Eles a colocaram em pé mais uma vez, mas na manhã seguinte eles a encontraram quebrada em pedaços! Então, quando o povo da cidade foi acometido por uma doença esquisita, eles ficaram realmente amedrontados e transportaram a Arca para uma cidade diferente. Mas para qualquer lugar que ela fosse, a praga ia junto!

Os aterrorizados filisteus acomodaram a Arca e uma oferenda de ouro em uma carroça puxada por duas vacas, e deixou que elas fossem para onde quisessem ir. As vacas levaram a carroça diretamente de volta a Israel, onde o povo se alegrou ao ver que a Arca havia retornado a salvo para eles!

ISRAEL EXIGE UM REI

I Samuel 8-10

Samuel comandou Israel sabiamente por muitos anos e levou o povo de volta a Deus. Ele era justo e honesto, e durante esse período Israel era forte contra os filisteus. Mas quando Samuel envelheceu, o povo começou a se preocupar sobre o que aconteceria após sua morte, e começaram a suplicar por um rei.

Samuel sabia que eles seriam felizes com Deus como seu Rei, e ele tentou alertá-los que um rei poderia tratá-los maldosamente, mas o povo não escutava – eles queriam um rei com trajes finos, para comandar seus exércitos, como acontecia em todas as outras nações ao redor. Por fim, Samuel concordou com as exigências deles.

O homem que Deus escolheu era o filho de um fazendeiro da tribo de Benjamim. Saul era um jovem alto e bonito. Ele ficou surpreso quando Samuel o ungiu, mas Deus enviou alguns sinais especiais, para que ele soubesse que era verdade.

Quando Samuel tentou apresentar Saul, o jovem ficou tão assustado que se escondeu! Quando foi descoberto, Samuel anunciou: "Aqui está o seu novo rei!" E o povo vibrou e gritou de alegria.

SAUL DESOBEDECE A DEUS

I Samuel 11-15

Saul se tornou um rei poderoso e obteve muitas vitórias sobre os filisteus. No início, ele era bom e corajoso, mas com o passar do tempo, Saul se tornou orgulhoso e obstinado, e nem sempre obedecia a Deus.

Anos mais tarde, Deus convocou Saul para atacar os amalequitas, que certa vez tinham tratado mal os israelitas. Deus lhe disse para destruir Amaleque e tudo o que houvesse nessa cidade, mas Saul poupou os melhores animais e trouxe de volta o rei, também.

Quando Samuel perguntou por que ele tinha desobedecido a Deus, Saul lhe disse que ele iria sacrificar os animais ao Senhor. Então, Samuel duramente lhe disse que Deus valorizava a obediência acima do sacrifício. Saul lhe implorou para perdoá-lo e, quando Samuel deu as costas a ele, Saul segurou a túnica dele e sua orla se rasgou em suas mãos. Samuel lhe disse que, de igual modo, o Senhor tiraria o reino dele, pois Ele havia se arrependido de tê-lo um dia feito rei sobre Israel. E Samuel foi-se embora tristemente, e nunca mais viu Saul até o dia da sua morte.

O MENINO PASTOR DE OVELHAS

I Samuel 16

Samuel foi à casa de Jessé, em Belém, pois Deus havia escolhido um dos filhos dele para ser rei de Israel. Quando viu o filho mais velho de Jessé, um jovem de boa aparência, ele pensou: "Certamente este é o escolhido de Deus", mas Deus lhe disse para não julgar pelas aparências – Deus olha o interior de uma pessoa, não o exterior!

Um por um, Jessé apresentou seus filhos, mas nenhum deles era o escolhido. Finalmente, Samuel perguntou se ele tinha mais algum filho e Jessé respondeu: "Tenho um filho mais jovem, Davi,mas ele está tomando conta das ovelhas, nos campos."

Quando o jovem pastor de ovelhas foi trazido diante de Samuel, o Senhor falou: "Este é aquele que escolhi!" Samuel o ungiu borrifando algumas gotas de óleo sobre sua cabeça, mas ainda levaria algum tempo antes que Davi se tornasse rei.

Por um tempo, ele ficaria em casa, tomando conta das ovelhas, tocando sua harpa para passar as horas e praticando com sua funda. Mas daquele dia em diante, Deus sempre estava com ele.

DAVI E GOLIAS

I Samuel 17

O jovem Davi estava diante de Golias. O poderoso Golias era o aterrorizante campeão do exército filisteu, e de tão grande e poderoso, era praticamente um gigante! Golias havia desafiado os soldados israelitas para um combate individual. Nenhum deles tinha ousado lutar com esse terrível guerreiro, exceto Davi. Deus tinha estado com ele quando havia protegido suas ovelhas de leões e ursos, e Davi sabia que Deus estaria com ele agora.

O rei deu a Davi sua própria armadura e armas, mas elas eram grandes e pesadas demais para o jovem garoto. Então Davi ficou diante de Golias com nada além de seu cajado, uma funda e cinco pedras lisas, de um córrego da redondeza.

Golias riu ao ver o jovem pastor de ovelhas, mas Davi, destemidamente, correu em direção a ele, colocando uma pedra em sua funda e arremessando-a com toda a sua força. Ela atingiu Golias no meio da testa, e quando ele caiu no chão, Davi correu depressa e, sacando a própria espada de Golias, decepou a cabeça do gigante com um golpe só!

Os filisteus ficaram tão abismados ao ver o campeão deles morto, que deram meia-volta e fugiram!

SAUL SENTE INVEJA

I Samuel 18-20

Davi era um herói! Ele morou no palácio com Saul e seu filho, Jônatas, que ficou tão amigo dele como se fosse seu próprio irmão. Mas logo Saul ficou com inveja, pois o povo parecia amar Davi mais do que a ele. Certo dia Davi estava tocando sua harpa, quando espíritos maus se apoderaram do rei Saul, e este atirou sua lança em Davi. Quando errou o alvo, Saul se amedrontou, pois ele viu que Deus estava com Davi e o havia deixado.

Saul tentou matar Davi de novo e de novo, até que Davi acabou fugindo do palácio. Antes de partir, Davi combinou com Jônatas um sinal para mostrar se seria seguro para ele retornar, pois Jônatas tinha esperanças de persuadir seu pai a perdoar Davi. "Eu irei com meu servo e atirarei três flechas. Então enviarei o menino para apanhá-las. Se eu disser para ele: 'Olhe que as flechas estão deste lado seu; traga-as aqui', então é seguro voltar para casa. Mas se eu disser: 'Olhe, as flechas estão além de você', então você tem que ir embora, pois a sua vida estará em perigo." Jônatas tentou falar com o rei, mas Saul ficou furioso. E seu filho percebeu que ele nunca mudaria sua opinião. No dia seguinte, Jônatas foi até à mata onde Davi estava escondido e lançou suas flechas.

Assim que seu servo correu para apanhá-las, ele gritou: "A flecha não está mais adiante de você? Seja rápido!" E Davi ficou cheio de tristeza. Jônatas enviou o servo de volta ao palácio antes dele, e os dois amigos se abraçaram e se despediram com tristeza.

DAVI POUPA SAUL

I Samuel 24, 26

Saul não se esqueceu de seu ódio por Davi e mandou procurá-lo pelo país inteiro. Eis que veio um dia em que Davi teve a vida de Saul em suas mãos. Davi e seus homens estavam se escondendo em uma caverna quando o próprio Saul entrou, precisando fazer suas necessidades! Davi conseguiu rastejar e cortou uma orla do manto de Saul. Assim que Saul saiu da caverna, Davi o chamou e lhe mostrou o pedaço do seu manto.

"Você está vendo?", disse ele para Saul. "Você não deveria acreditar naqueles que dizem que sou um perigo para você, ou que quero o seu trono. Eu nunca machucaria você!"

Saul se sentiu humilhado pela bondade e misericórdia de Davi, e pediu que Davi o perdoasse. Por um tempo, houve paz entre eles. Mas essa paz não durou muito!

DAVI E ABIGAIL

I Samuel 23

Certo dia, Davi e seus homens estavam nas terras de um homem rico, chamado Nabal. Sua esposa, Abigail, era bonita e sábia, mas Nabal era mau e egoísta. Davi enviou mensageiros para pedir alimento e para prometer que eles não tinham más intenções, mas Nabal respondeu rudemente: "Por que deveria eu dar alimento a esse Davi?"

Davi ficou furioso com isso, e marchou rumo à casa de Nabal. Mas quando Abigail soube da grosseria de Nabal, ela ajuntou algum alimento

E se apressou a encontrar Davi, e lhe implorou para perdoar seu marido e aceitar o alimento que ela havia trazido.

Davi ficou comovido com o pedido dela, e prometeu que não haveria mais batalha. Quando Nabal soube o que tinha acontecido, ficou bastante abalado e morreu alguns dias depois. Então Davi mandou mensageiros até Abigail, pedindo que ela se casasse com ele, o que ela fez com alegria.

SAUL E A BRUXA DE ENDOR

I Samuel 28

Os anos se passaram, e Samuel faleceu já com idade avançada. Quando os filisteus mais uma vez se preparavam para atacar Israel, Saul se sentiu aterrorizado e desamparado. Ele suplicou a Deus para guiá-lo, mas não recebeu resposta, pois Deus tinha se desviado dele. Em desespero, ele se disfarçou e viajou para ver uma vidente que vivia em Endor e que podia invocar os espíritos dos mortos.

A princípio, a vidente não quis ajudar, mas quando Saul jurou que ela não seria prejudicada, concordou. Saul pediu-lhe que invocasse Samuel. Silenciosamente, a mulher começou seus rituais. Quando ela viu o espírito de Samuel, ficou assustada, pois agora ela já supunha quem era seu visitante. Quando Saul percebeu que era o espírito de Samuel, ele perguntou: "O que devo fazer? Os filisteus estão prestes a atacar e Deus não me diz o que fazer!"

"Se Deus não vai lhe responder, então você não deveria estar conversando comigo", respondeu Samuel, firmemente. "Você desobedeceu ao Senhor e será punido. Amanhã, você e seus filhos estarão mortos."

No dia seguinte, o exército de Israel foi derrotado totalmente. Um por um, os soldados de Saul foram mortos ou desertaram, e ao cair da noite Saul e seus filhos foram mortos também!

DAVI SE TORNA REI

II Samuel 2

Davi ficou tomado de tristeza ao saber das mortes de Saul e Jônatas. Ainda havia lutas entre os descendentes de Saul e Davi, mas por fim, todas as tribos de Israel proclamaram Davi como seu rei. Como um de seus primeiros atos, Davi decidiu fazer da cidade-fortaleza de Jerusalém sua nova capital, pois ele sabia que os inimigos de Israel estavam sempre esperando para atacar.

Quando Davi marchou com seu exército para Jerusalém, que ainda pertencia a uma tribo canaanita, o povo lá riu dele, acreditando que eles estariam a salvo atrás de seus altos muros. As colinas cercavam a cidade em três lados, e no quarto lado a cidade era protegida pelos enormes portões da cidade. "Vocês nunca entrarão", eles zombavam.

Mas Davi tinha a bênção de Deus. Ele descobriu que um canal de água corria através da colina, para dentro da cidade. Seus homens seguiram pelo sistema de água direto para o coração da cidade, para destravar os portões por dentro, e então a poderosa fortaleza foi subjugada por Davi e seus soldados!

A ARCA É TRAZIDA PARA JERUSALÉM

II Samuel 6; I Crônicas 13, 15-16

Após Davi ter conquistado a cidade, ele mandou chamar carpinteiros e pedreiros para ampliá-la e para construir um grande palácio. Jerusalém se tornou conhecida como a cidade de Davi. Mas Davi sabia que devia tudo a Deus. Ele queria que Jerusalém fosse conhecida como a cidade de Deus, e assim decidiu trazer a Arca da Aliança para Jerusalém.

Houve grande alegria quando a Arca entrou na cidade. Davi estava fora de si de tanta felicidade, e cantou e dançou junto com todo o seu povo. Do alto de uma janela do palácio, sua nova esposa Mical demonstrou desgosto. "Como você pôde perder a compostura assim?", ela lhe perguntou mais tarde. "Você deveria se lembrar de quem é!" Ela não entendeu que Davi não se importava com sua própria dignidade, mas pensava apenas em louvar a Deus.

A PROMESSA DE DEUS PARA DAVI

II Samuel 7; I Crônicas 17

Certo dia, Davi mandou chamar o profeta Natã. "Não parece certo que eu esteja vivendo em um palácio assim magnífico, enquanto a arca da aliança de Deus esteja em uma tenda provisória. Eu quero construir um templo vistoso para ela!"

Naquela noite, Deus falou com Natã e, pela manhã, o profeta disse ao rei: "Deus sempre viajou com seu povo em uma tenda, para estar com eles aonde quer que fossem. Ele não quer que você Lhe construa um templo."

Davi ficou amargamente desapontado, mas Natã continuou: "Deus não quer que você Lhe construa uma casa, pois é Ele que construirá uma casa para você. Foi por causa dEle que você deixou suas ovelhas e campos e se tornou rei de Israel. Ele prometeu que estaria com você e o ajudaria a vencer os seus inimigos. Com a orientação de Deus, você se tornará o maior rei sobre a terra e os seus filhos serão reis de Israel depois de você e para todo o sempre."

Davi ficou cheio de gratidão. Quando Natã foi embora, Davi demonstrou seu agradecimento a Deus com uma oração sincera. Ele queria fazer algo por Deus, mas em vez disso Deus tinha feito algo maravilhoso por ele, um simples pastor de ovelhas.

DAVI É BONDOSO

II Samuel 9

Mesmo sendo agora rei, Davi não tinha se esquecido de seu querido amigo Jônatas. Ele pediu aos seus conselheiros para descobrir se alguém da família de Jônatas ainda estava vivo, pois ele queria fazer algo por eles, se pudesse. Por fim, encontraram um servo que lhes disse que um filho de Jônatas ainda estava vivo, mas que estava aleijado de ambos os pés. Seu nome era Mefibosete.

Davi mandou buscar Mefibosete, e quando ele foi trazido diante do rei, inclinou-se e se prostrou. "Não tenha medo", disse Davi a Mefibosete. "Eu vou garantir que toda a terra que pertencia ao seu avô Saul seja devolvida a você, e você sempre comerá à minha mesa."

Mefibosete se curvou diante do rei. "Quem sou eu para que o senhor me honre assim?"

"Você é o filho de Jônatas, que era meu mais querido amigo", respondeu Davi. E assim Mefibosete se mudou para Jerusalém, tendo sido sempre bem-vindo à mesa de Davi.

DAVI E BATE-SEBA

II Samuel 11-12

Era o início do entardecer em Jerusalém, e Davi estava caminhando no terraço do palácio quando seus olhos foram atraídos por uma bela mulher tomando banho. Seus guardas lhe disseram que era Bate-Seba, a esposa de um dos seus soldados, Urias, que estava longe, lutando contra os amonitas. Davi ficou apaixonado por Bate-Seba e mandou que a trouxessem ao palácio naquela noite. Pouco tempo depois, ele soube que ela estava esperando um filho dele!

Davi não sabia o que fazer. Urias ficaria furioso se soubesse a verdade. Então Davi o trouxe de volta da guerra para estar com sua esposa, esperando que ele acreditasse que o bebê era dele. Mas quando Urias insistiu em dormir nos portões do palácio, Davi o enviou de volta à batalha na linha de frente, onde a luta era violenta, e então ele foi morto. No final do período de luto dela, Davi se casou com Bate-Seba e ela deu à luz um filho.

Deus não se agradou disso. Ele enviou seu profeta Natã para contar a Davi uma história sobre dois homens, um rico e um pobre. Certo dia, o homem rico deu um banquete e, em vez de utilizar seus próprios animais, ele matou a única ovelha que o homem pobre possuía e a deu aos seus convidados.

"Tal homem merece morrer!", exclamou Davi com desgosto.

Mas Natã disse, firmemente: "Esse homem é você. Você tem tudo o que poderia desejar; ainda assim, você tomou aquilo que não era seu!"

Davi caiu sobre seus joelhos, de cabeça baixa. Agora ele percebera o quanto tinha sido perverso. Mas Deus o perdoou. Aquele filho não viveu, e com o tempo Bate-Seba deu a Davi uma outra criança, um filho chamado Salomão. E Salomão era amado por Deus.

ABSALÃO SE REBELA

II Samuel 15-19

Davi teve muitos filhos, e muitas vezes havia brigas entre eles. Um de seus filhos favoritos era Absalão, um jovem bonito, forte, com cabelos grossos e encaracolados. Mas Absalão tramou contra seu próprio pai, pois ele queria o trono para si e passava seu tempo entre o povo, ganhando seu apoio. Quando ele achou que era a hora certa, correu para Hebrom, se autoproclamou rei e levantou um exército.

Davi reuniu seus soldados, e os dois exércitos se encontraram em uma floresta. Houve uma batalha terrível, mas no final ficou claro que o lado de Davi seria o vitorioso. Absalão tentou escapar, mas quando seu cavalo passou por baixo de um galho baixo, seu cabelo comprido e encaracolado ficou preso nos galhos entrelaçados, e ele ficou pendurado ali, abandonado!

Os soldados de Davi o encontraram ali, pendurado, e o mataram. Quando Davi soube da morte de Absalão, ficou angustiado e desejou que ele mesmo tivesse morrido em lugar de seu filho amado e traiçoeiro.

DAVI ABRE CAMINHO PARA SALOMÃO

I Reis 1-2; I Crônicas 29

Davi estava idoso e em seu leito de morte, porém, seus filhos ainda estavam brigando pelo trono. Ele o tinha prometido a Salomão, mas um de seus outros filhos, Adonias, queria ser rei, e tentou reivindicar o trono. Natã soube o que estava acontecendo, e ele e Bate-Seba foram contar a Davi as notícias.

O rei disse a Bate-Seba para fazer com que Salomão cavalgasse sobre a própria mula de Davi até Giom, onde Natã e Zadoque, os sacerdotes, deveriam ungi-lo rei sobre Israel. "Toquem a trombeta e gritem: 'Vida longa ao Rei Salomão!'", ordenou Davi, "pois ele deve vir e se sentar no meu trono e reinar em meu lugar."

E aconteceu como o Rei Davi tinha ordenado, e o povo entrou na cidade vibrando e se alegrando. Quando Adonias e seus amigos conspiradores ouviram o barulho e perceberam que Salomão tinha sido coroado rei com a bênção de Davi, ficaram com muito medo e tentaram escapar, exceto por Adonias, que se agarrou ao altar no Tabernáculo, com medo que seu irmão o matasse. Mas Salomão mandou uma mensagem para ele: "Contanto que não faça mal algum, você viverá", e Adonias retornou para casa aliviado.

DEUS FALA COM SALOMÃO

I Reis 3; II Crônicas 1

Logo após Salomão ter sido coroado rei, Deus falou com ele em um sonho. "O que você gostaria que eu lhe desse, Salomão?", disse Deus. "Peça o que você quiser e será feito."

Salomão pensou por um instante, e então respondeu, humildemente: "Sou jovem e não tenho experiência em governar uma nação. Eu gostaria de ser um grande rei como o meu pai, mas não sei de que maneira. Eu gostaria de Lhe pedir para me dar sabedoria, a fim de que eu possa julgar o povo sabiamente e fazer como o Senhor gostaria que eu fizesse. Ajude-me a discernir o que é certo e o que é errado."

Deus se agradou da resposta de Salomão. "A maioria das pessoas teria pedido riqueza, ou vida longa, ou grandes vitórias", disse Ele. "Você pediu somente para ser sábio. Eu lhe darei sabedoria. Mas eu também lhe darei aquelas coisas que você não pediu. Você será rico e respeitado, e se você seguir em meus caminhos, viverá uma vida longa e boa."

Quando Salomão acordou, ele se sentiu confortado e fortalecido ao saber que Deus estaria ao seu lado.

A SABEDORIA DE SALOMÃO

I Reis 3

Duas mulheres vieram diante de Salomão, segurando um bebê entre elas. "Perdoe-me, meu senhor", disse uma. "Esta mulher e eu vivemos na mesma casa e nós duas demos à luz bebês a poucos dias de diferença uma da outra. Mas o bebê dela morreu de noite e ela pegou meu filho de meu lado e o substituiu pelo filho morto dela!" A outra mulher disse: "Não! Você está mentindo! O bebê que está vivo é meu filho; o morto é o seu." E assim elas discutiram diante do rei.

Então o rei disse: "Tragam-me uma espada." E uma espada foi trazida para o rei. Ele então deu uma ordem: "Cortem a criança em duas, e deem metade a uma mulher e a outra metade para a outra."

A mulher cuja criança era realmente sua, gritou de horror: "Não! Não, meu senhor! Dê o bebê a ela! Não o mate! Eu prefiro que ela cuide dele do que seja morto!"

Mas a outra disse com indiferença: "Não, devemos fazer como o rei diz. Então nenhuma de nós o terá. Isso será justo."

Então o rei deu seu parecer: "Deem o bebê para a primeira mulher. Não o matem; ela é a sua verdadeira mãe." Quando todos em Israel souberam do veredito que o rei havia dado, viram o quanto Deus tinha feito Salomão sábio e esperto.

Construindo o Templo

I Reis 5-8; II Crônicas 2-7

Salomão logo começou a construir o templo que seu pai, Davi, havia sonhado construir. Ele mandou buscar a melhor madeira de cedro, e as pedras eram cortadas na mina a céu aberto, para que os martelos e os cinzéis não fossem ouvidos no canteiro de obras sagrado. O templo era amplo, comprido e alto, com muitas câmaras, e a mais sagrada de todas era o Templo Interno. Ali, o cedro fino foi esculpido em belas figuras e formas, e as portas foram entalhadas primorosamente e recobertas com ouro puro.

O templo usou centenas de homens e levou sete anos para ser construído, e quando estava concluído, o Rei Salomão o encheu de riquezas admiráveis. Mas o tesouro mais precioso de todos era a Arca da Aliança, contendo as duas tábuas. Ela foi trazida para ficar no Templo Interno, onde descansou sob as asas de dois querubins feitos de oliveiras e cobertos de ouro, cada um com cinco côvados (330 cm) de altura. Suas asas se tocavam no meio do aposento.

A nuvem da presença de Deus encheu o templo, e o povo ficou cheio de admiração e gratidão. Então Salomão agradeceu a Deus por lhe permitir construir o templo. "Eu sei que o Senhor, que fez o céu e a terra, nunca habitaria em uma construção

feita por homens, mas eu oro que aqui possamos estar próximos do Senhor e ouvir a Sua palavra.”

E Deus disse a Salomão que Ele tinha ouvido a sua oração, que o Seu coração e olhos estariam no templo e que, contanto que o rei trilhasse os caminhos de Deus e mantivesse as Suas leis, Deus estaria com ele.

A RAINHA DE SABÁ

I Reis 10; II Crônicas 9

Salomão ficou muito rico. Depois de ter construído o templo sagrado, construiu também palácios magníficos para si próprio e para uma de suas esposas, a filha do Faraó Egípcio. Ele comia em pratos de ouro, usando talheres do mesmo metal e bebia de uma taça de ouro. Inclusive as roupas que ele vestia eram tecidas com ouro.

As histórias de sua riqueza e sabedoria viajavam por toda parte. A Rainha de Sabá veio de seu reino distante visitá-lo. Ela chegou com uma caravana extensa de camelos transportando especiarias raras, ouro e pedras preciosas para dar de presente a ele.

ELA FEZ MUITAS PERGUNTAS A SALOMÃO, E CADA PERGUNTA ERA RESPONDIDA SÁBIA E CLARAMENTE. "TUDO O QUE OUVI ERA VERDADE!", ELA DISSE AO REI. "EU ACHEI QUE AS PESSOAS ESTAVAM EXAGERANDO, MAS AGORA SEI QUE NÃO ESTAVAM. O SEU POVO DEVE ESTAR ORGULHOSO DE TÊ-LO COMO O SEU GOVERNANTE, E É UM SINAL DO AMOR DO SEU DEUS POR ELES QUE ELE O TENHA CONSTITUÍDO REI SOBRE ELES, PARA GOVERNÁ-LOS COM JUSTIÇA E SABEDORIA."

AFASTANDO-SE DE DEUS

I REIS 11

O REI SALOMÃO ERA MAIOR E MAIS RICO DO QUE QUALQUER OUTRO REI, E AS PESSOAS VINHAM DE TODA PARTE PARA OUVIR SUA SABEDORIA. NO ENTANTO, QUANDO FICOU MAIS VELHO, ELE SE AFASTOU DO SENHOR, POIS TINHA SE CASADO COM MUITAS PRINCESAS, E, À MEDIDA QUE OS ANOS PASSAVAM, ELAS VOLTAVAM O CORAÇÃO DELE PARA DEUSES ESTRANHOS QUE ELAS ADORAVAM. DEUS FICOU ZANGADO E TRISTE. POR AMOR A DAVI, DEUS NÃO QUIS TIRAR O REINO DE SALOMÃO DURANTE O TEMPO DE SUA VIDA, MAS PERMITIU QUE SEUS INIMIGOS SE LEVANTASSEM CONTRA ELE.

CERTO DIA, QUANDO JEROBOÃO, UM DOS OFICIAIS DO REI, CAMINHAVA PELO CAMPO, VEIO O PROFETA AÍAS ATÉ ELE COM UMA MENSAGEM DE DEUS. AÍAS TIROU A CAPA NOVA QUE ESTAVA USANDO E A RASGOU EM DOZE PEDAÇOS. ELE DEU DEZ PEDAÇOS A JEROBOÃO, DIZENDO: "ESTES PEDAÇOS SÃO COMO AS DOZE TRIBOS DE ISRAEL. EU LHE DEI DEZ PEDAÇOS, PORQUE EM BREVE DEUS RETIRARÁ DEZ TRIBOS DE SALOMÃO E AS DARÁ A VOCÊ. DEUS VAI PUNIR SALOMÃO E ISRAEL, PORQUE ELES ABANDONARAM O SENHOR, MAS ELE NÃO RETIRARÁ TODO O REINO DOS FILHOS DE DAVI. ELE LHES DARÁ AS TRIBOS DE JUDÁ E BENJAMIM. E SE VOCÊ, QUANDO FOR REI, SERVIR A DEUS DE VERDADE, O SENHOR DARÁ O SEU REINO AOS SEUS DESCENDENTES."

QUANDO SALOMÃO SOUBE O QUE AÍAS TINHA DITO, FICOU COM MEDO E TENTOU MATAR JEROBOÃO, MAS ESTE ESCAPOU PARA O EGITO, E LÁ FICOU A SALVO ATÉ O FALECIMENTO DE SALOMÃO. E ENTÃO O REINO DE ISRAEL SE DIVIDIU EM DOIS.

No sul, as tribos de Judá e de Benjamim ficaram leais ao Rei Roboão, filho de Salomão, mas as dez tribos do norte se separaram e fizeram de Jeroboão seu rei.

ISRAEL É DIVIDIDA

I Reis 12-14; II Crônicas 10-12

No sul, o Rei Roboão governava Jerusalém e as tribos de Judá e Benjamim. No norte, Jeroboão era rei. Israel estava dividida e a briga entre as tribos era violenta.

Apesar da mensagem de Aías, Jeroboão não seguiu as leis de Deus. Ele mandou fazer dois bezerros de ouro para o povo adorar, pois tinha receio que, se viajassem para Jerusalém, para adorar lá, no templo sagrado, as pessoas voltariam para o Rei Roboão.

As coisas iam de mal a pior, e assim Deus enviou um homem santo para entregar uma mensagem. Ele chegou ao rei em um dos altares e lhe disse que Deus enviaria um sinal: o altar seria partido e as cinzas se derramariam.

Jeroboão ficou furioso. Ele estendeu sua mão para dizer aos seus guardas para pegarem o homem, e assim que fez isso sua mão secou, o altar foi dividido ao meio, e suas cinzas se derramaram. Contudo, apesar desse alerta terrível, Jeroboão ainda não mudou suas atitudes!

No sul, o Rei Roboão não era muito melhor, pois também ele havia deixado o seu povo retornar aos caminhos maus, das tribos que tinham vivido naquela terra antes da vinda deles.

ELIAS E OS CORVOS

I Reis 17

Muitos anos se passaram. Agora, os governantes do reino do norte eram os maldosos Acabe e sua cruel esposa, Jezabel de Sidom. Acabe construiu um templo para Baal, o deus venerado por Jezabel, e a rainha mandava matar muitos profetas. Mas havia um profeta verdadeiro, chamado Elias. Ele advertiu o rei: "Por mais de dois anos não haverá chuva nem mesmo orvalho nesta terra. Você aprenderá que meu Deus é o único e verdadeiro Deus." E aconteceu como ele dissera.

Deus enviou Elias para o oriente do rio Jordão, para que se escondesse. Lá, os corvos lhe traziam pão e carne, e ele bebia de um riacho. Quando o riacho secou, Deus disse a Elias para ir a Sidom, onde uma viúva o ajudaria. Quando Elias chegou aos portões da cidade, encontrou uma mulher juntando lenha e lhe pediu um pouco de água para beber. A bondosa viúva foi apanhar um cântaro de água para ele, mesmo a água estando escassa. Quando ela estava partindo, Elias pediu-lhe um pouco de pão.

"Receio que eu não tenha pão", ela respondeu, "Tenho apenas um punhado de farinha em um cântaro e um pouco de azeite de oliva em um jarro. Estou recolhendo alguns gravetos para levar para casa e fazer uma última refeição para mim e meu filho, para que possamos comê-la e morrer."

Elias disse à mulher para não se preocupar, e sim, ir para casa e fazer um pequeno pão para ele, primeiro, e depois um para ela e seu filho, e que Deus tinha prometido que a farinha e o óleo não acabariam até o dia em que a chuva caísse na terra.

A bondosa viúva fez como Elias tinha pedido e descobriu que, quando fez um pãozinho, ainda tinha farinha e óleo suficientes para fazer outro pãozinho, e assim continuou a acontecer, dia após dia, e sempre havia alimento suficiente para Elias e para a viúva e seu filho pequeno.

O FILHO DA VIÚVA

I Reis 17

Elias e a viúva e seu filhinho não passaram fome, mas um dia o menino ficou doente. Dia após dia ele piorava, e por fim parou de respirar. Fora de si, de tristeza, a viúva clamou para Elias: "Por que você veio aqui? Você veio para me punir e matar meu filho?"

"Dê-me o seu filho", respondeu Elias, calmamente, e levou o menino ao seu quarto e o deitou sobre a cama. Então, ele clamou a Deus: "Ó, Senhor meu Deus, porque você trouxe tragédia para esta viúva quando ela tem sido tão boa para mim?" Então Elias se estendeu sobre o menino três vezes e falou: "Ó, Senhor! Permita que a vida deste menino retorne a ele!" Deus ouviu o pranto de Elias, e a vida do menino retornou a ele. Elias carregou-o até a sala e o deu para sua mãe, dizendo: "Veja, o seu filho está vivo!"

A mulher caiu sobre seus joelhos, de gratidão: "Agora eu sei que você é verdadeiramente um homem de Deus e que a palavra que você prega é a verdade!"

O GRANDE DESAFIO

I Reis 18

Três anos se passaram sem chuvas, e o Rei Acabe ficou desesperado. Elias lhe dissera para reunir o povo de Israel e os profetas de Baal no Monte Carmelo. "Está na hora de você aprender quem é o verdadeiro Deus de Israel!", disse ele, propondo um desafio. Tanto ele quanto os profetas de Baal prepararam o seu bezerro para sacrifício. Então cada um invocaria o seu deus para responder fazendo fogo!

Primeiro, os muitos sacerdotes de Baal prepararam seu bezerro, depois invocaram seu deus para mandar fogo. Eles oraram e oraram, e rasgaram suas roupas, mas nada aconteceu. "Talvez Baal não tenha ouvido vocês", zombou Elias, "Tentem com mais vontade!" Mas, por mais que tentassem, não havia resposta ou sinal e, por fim, caíram no chão de exaustão.

Então Elias foi ao altar do Senhor, que estava quebrado, e usou doze pedras, uma para cada uma das tribos, para construir um altar ao redor do qual ele cavou uma vala profunda. Ele preparou o bezerro e o deitou sobre a madeira, depois pediu ao povo para encharcar com água o sacrifício e a madeira até que a vala ficasse cheia. Em seguida, Elias foi à frente e orou: "Senhor, Deus de Abraão, de Isaque e de Israel, que hoje seja conhecido que Você é Deus em Israel e que tenho feito estas coisas por ordem Sua." Então, o fogo do Senhor caiu e queimou o sacrifício, a madeira, as pedras, o chão e até mesmo a água!

As pessoas caíram de joelhos. "É verdade!", elas clamavam, "O Senhor é Deus!" Elias se certificou de que os profetas de Baal fossem capturados e mortos, e de noite a chuva veio e a fome terminou.

O VINHEDO DE NABOTE

I Reis 21-22; II Crônicas 18

De seu elegante palácio, o Rei Acabe podia ver um belo pedaço de terra, que seu vizinho, Nabote, tinha transformado em uma vinha. O Rei Acabe achou que ali daria uma maravilhosa horta para o palácio. Ele fez uma oferta para comprar a terra, mas Nabote não queria vendê-la. "Esta terra foi dada aos meus antepassados por Deus. Não seria certo vendê-la, por mais que você me pagasse."

Acabe estava acostumado a fazer as coisas do seu jeito. Quando sua esposa Jezabel soube o que o estava deixando zangado, ela simplesmente decidiu se livrar de Nabote e pagou a alguns canalhas para inventarem acusações falsas contra ele. Nabote foi posto em julgamento, declarado culpado e apedrejado até a morte! E assim Acabe ganhou sua preciosa horta.

Mas Deus não se agradou da atitude de Acabe e sua esposa, e enviou Elias para falar com o rei. "Como você pôde mandar matar um homem inocente de maneira que você pudesse ter algo que não lhe pertencia? Deus está zangado com você e o punirá, e o trono será tomado de você e de sua família!"

Quando Elias partiu, Acabe ficou muito envergonhado. Ele tirou todas as suas vestes elegantes e ingeriu somente comida simples.

Ele fez tudo que podia para demonstrar que estava arrependido. Deus disse a Elias: "Parece que Acabe está realmente arrependido do que aconteceu. Por isso, eu não trarei este mal sobre a família dele agora, mas o farei na época dos filhos dele.

ARREBATADO PARA O CÉU

II Reis 2

Elias e Eliseu estavam caminhando juntos, perto do rio Jordão. Elias era idoso, agora, e sabia que era hora de delegar seu trabalho a Eliseu. Ele tirou sua capa e atingiu a água com ela, e um caminho se abriu diante dele. Os dois homens atravessaram. Então Elias se virou para seu companheiro, dizendo: "Em breve eu vou deixar você. Há alguma coisa que gostaria de me pedir antes de eu partir?"

Eliseu pensou cuidadosamente. "Eu gostaria de herdar o seu espírito, sua grandeza e poder para me ajudar a continuar o seu trabalho."

De repente, uma carruagem de fogo, puxada por cavalos de fogo, apareceu diante deles. Enquanto Eliseu olhava, maravilhado, Elias foi tomado e levado aos céus em um redemoinho!

Quando o céu ficou vazio outra vez, Eliseu percebeu que a capa de Elias havia caído ao chão. Ele a apanhou e caminhou até a margem do rio. Então atingiu o rio com a capa, e as águas se partiram diante dele! Quando os outros profetas viram o que aconteceu, se lançaram ao chão. "O espírito de Elias foi passado para Eliseu!", eles disseram, maravilhados.

PURIFICADO

II Reis 5

Naamã, o general dos exércitos da Síria, era um grande soldado, mas foi acometido de uma doença de pele terrível. Uma menina escrava, israelita, lhe disse que o maravilhoso profeta em Samaria poderia ser capaz de ajudá-lo. Então Naamã viajou para Israel.

Quando Naamã chegou à casa de Eliseu, ele achava que o profeta sairia e faria um milagre espetacular. Mas em vez disso, Eliseu enviou seu servo para dizer ao general que ele se banhasse no rio Jordão.

O general ficou ofendido. "Por que eu devo me lavar naquele rio imundo?", ele gritou. "Nós temos vários rios na Síria! E se mostrou cheio de indignação, enquanto seu servo tentava acalmá-lo.

Mas, percebendo que estava sendo tolo, Naamã foi ao rio e se banhou nele, e sem dúvida, quando ele emergiu da água após a sétima vez, sua pele estava macia e lisa.

Ele foi agradecer a Eliseu. "O seu é o verdadeiro Deus. De agora em diante, eu vou adorá-lo também." Então tentou dar um presente para Eliseu. Eliseu não quis aceitar nada, mas seu servo foi atrás do general, secretamente, e lhe disse que Eliseu havia mudado de ideia.

Naamã deu-lhe dinheiro, e o servo o escondeu debaixo de sua própria cama. Mas Eliseu sabia o que tinha acontecido e ficou zangado. "Por causa de sua ganância e mentiras, você será punido", disse ele, seriamente. "Você sofrerá da mesma doença que Naamã teve!"

O EXÉRCITO CEGO

II Reis 6

O rei de Aram estava em guerra com Israel, mas onde quer que planejasse montar acampamento, os israelitas estavam lá diante dele. Seus oficiais lhe disseram que o profeta Eliseu de alguma forma sabia todos os segredos deles e os contava ao seu rei.

O rei de Aram enviou muitos cavalos, carruagens e soldados para cercarem a cidade onde Eliseu passava a noite. Quando o servo de Eliseu acordou e viu um grande exército cercando a cidade, ficou atemorizado e gritou de medo, mas Eliseu disse, calmamente: "Não tenha medo. Aqueles que estão conosco são mais do que aqueles que estão com eles." E Deus abriu os olhos do servo e ele viu que as colinas estavam repletas de cavalos e carruagens de fogo.

Quando o inimigo começou a se aproximar, Eliseu orou ao Senhor para atingi-los com cegueira e, de repente, todos os soldados não conseguiam ver coisa alguma! Eliseu foi para fora e lhes disse que estavam indo para a direção errada. Ele os guiou direto para o rei de Israel, que perguntou se ele não deveria matá-los. Mas em vez disso, Eliseu disse ao rei para dar-lhes alimento e água e depois mandá-los para casa. Quão surpresos os aterrorizados soldados ficaram, ganhando um banquete de seus inimigos! Depois disso, não houve mais ataques repentinos de Aram!

FOME EM SAMARIA

II Reis 7

O exército da Síria estava acampado do lado de fora de Samaria. Ninguém podia entrar ou sair, e não havia quase mais nada para comer. O rei foi depressa à casa de Eliseu. "Isso é tudo culpa de Deus!", ele reclamou. "Por que Ele não nos ajuda?"

"Amanhã haverá comida em Samaria!", prometeu Eliseu. O oficial que estava com o rei era zombador, e disse que isso era ridículo, ao que Eliseu respondeu, calmamente: "Ridículo ou não, vai acontecer, e você não viverá para ver isso!"

Agora, do lado de fora dos portões da cidade estavam quatro homens que estavam ainda piores do que aqueles do lado de dentro, pois eram leprosos e tinham sido banidos da cidade. Em desespero, eles foram ao acampamento sírio para implorar por um pouco de alimento, mas quando chegaram lá, ficaram admirados por encontrá-lo abandonado. Eles entraram em uma das tendas vazias e se serviram de comida e bebida, avidamente.

Eles, então, se entreolharam desconfortavelmente. “Isso não é certo”, disse um. “Não podemos guardar isso apenas conosco”, e retornaram para espalhar as novidades. Quando o rei enviou batedores, descobriu que os sírios tinham fugido para casa, pois Deus os tinha feito ouvir o som de carruagens e cavalos durante a noite, e eles acharam que um grande exército estava prestes a atacar! Os seus suprimentos de alimentos foram trazidos para dentro da cidade, e o povo celebrou com alegria.

Mas, durante a violenta corrida em busca de alimento, o povo acabou matando, instantaneamente, o oficial que havia duvidado de Deus.

JEOSAFÁ CONFIA EM DEUS

II Crônicas 20

O rei Jeosafá tinha reunido todo o povo de Judá em Jerusalém. Um vasto exército estava a caminho para destruir a terra. Mas Jeosafá não se desesperou – ele sabia com quem conversar! Ele havia ajuntado seu povo para orar a Deus por socorro.

Enquanto ele e o povo oravam, o Espírito do Senhor veio sobre um dos sacerdotes, que disse: "Deus diz: 'Não tenham medo, porque esta batalha é de Deus, e não sua. Vão e enfrentem o seu inimigo amanhã, e o Senhor estará com vocês.'"

E assim, na manhã seguinte, o exército de Judá partiu para o campo de batalha, cantando louvores a Deus enquanto prosseguia. Mas conforme marchavam, Deus fez os grupos diferentes do exército inimigo lutarem entre si, e no momento em que os soldados de Judá chegaram ao local onde se esperava que a batalha acontecesse, tudo o que viram diante deles foi um mar de corpos mortos! Nenhum havia escapado! Os reinos vizinhos ficaram tomados de medo com este sinal do poder de Deus e, por algum tempo, o povo de Judá viveu em paz.

A RUÍNA DE JEZABEL

II Reis 9-10

Jorão, o filho de Acabe e Jezabel, agora detinha a coroa, e como não era melhor do que seus pais, Deus disse a Eliseu que era hora de colocar um novo rei no trono de Israel. Eliseu enviou um de seus seguidores ao acampamento do exército para ungir um oficial chamado Jeú. Assim que Jeú tinha sido ungido, ele reuniu os soldados e partiu para a cidade em sua carruagem. Quando Jorão viu o exército se aproximando, enviou mensageiros para perguntar se vinham em paz, e quando tardaram a retornar, ele e seu aliado, o Rei Acazias de Judá, foram encontrar o exército para fazer a mesma pergunta.

"Não poderá haver paz enquanto você e sua mãe governarem!", gritou Jeú, e ele lançou uma flecha direto no coração de Jorão. Em seguida, ele matou o Rei Acazias também!

Quando Jezabel soube da morte de seu filho, ela arrumou seu cabelo cuidadosamente, e então aguardou em uma janela do palácio. Logo a carruagem de Jeú chegou à frente do palácio. "Você não passa de um assassino!", ela vociferou.

Mas Jeú a ignorou, berrando bem alto: "Quem está do meu lado?" Alguns rostos apareceram, cautelosamente, em algumas das janelas. "Joguem-na para baixo!", ordenou Jeú, e eles pegaram Jezabel e a lançaram de uma janela. Ela morreu imediatamente. E logo Jeú ordenou que a família de Acabe e todos os sacerdotes de Baal fossem mortos também!

JOÁS, O MENINO-REI

II Reis 11-15; II Crônicas 24, 26

Quando Atalia, mãe do Rei Acazias, soube de sua morte, ela tentou reivindicar o trono e ordenou a morte de toda a família real. Mas Acazias tinha deixado um filho chamado Joás, e a tia de Joás o levou embora e o escondeu no templo, onde ele foi criado secretamente até completar sete anos. Então o sumo sacerdote decidiu que era hora de Joás assumir o trono e dar um fim ao reinado de sua avó perversa.

Diante de uma grande multidão, Joás foi levado para fora do esconderijo, e o sumo sacerdote o ungiu e colocou a coroa em sua jovem cabeça. Uma grande aclamação ecoou, tão alta que Atalia ouviu e se apressou a ver o que estava acontecendo. Quando ela viu o garotinho com a coroa em sua cabeça, ficou furiosa. "Traição!", ela gritou. Mas nenhum soldado veio em seu auxílio! Pelo contrário, ela foi levada embora e morta, e o povo foi ao templo de Baal, destruiu os altares e quebrou os ídolos. Joás tentou ser um bom rei e se lembrar das leis de Deus, e uma das primeiras coisas que ele fez foi consertar o templo de Deus, pois havia sido tristemente negligenciado.

DEUS CONVOCA ISAÍAS

Isaías 6

Por um longo período as coisas estavam relativamente pacíficas em Judá e em Israel, mas Isaías sabia que isso não iria durar. Isaías era um profeta – um dos maiores que o povo de Israel já teve. Isaías foi convocado por Deus pela primeira vez no ano em que o Rei Uzias (o neto do Rei Joás) morreu. Deus lhe enviou uma visão incrível.

Em sua visão, ele viu Deus sentado em um trono. Anjos alados voavam acima dEle, cobrindo seus rostos e dizendo um para o outro: "Santo, santo, santo é o Senhor Todo-Poderoso; a terra inteira está cheia da Sua glória." O chão estremeceu com o som das vozes deles e o templo ficou repleto de fumaça.

No início Isaías ficou temeroso, pois sabia que ele era um pecador; todavia, ele tinha olhado com respeito para o Senhor Todo-Poderoso. Mas um dos anjos tocou sua boca com uma brasa viva, tirada de um altar, dizendo: "Veja, isto tocou os seus lábios; a sua iniquidade foi tirada e os seus pecados foram perdoados."

Então ele ouviu a voz do Senhor, dizendo: "A quem Eu enviarei? Quem será meu mensageiro?"

Isaías disse: "Estou aqui, Senhor. Envie-me!"

Então Deus deu a Isaías uma mensagem para seu povo. Ele alertou Isaías de que o povo não estaria disposto a escutar, que eles fechariam seus ouvidos – e seus corações também – mas Isaías ainda desejava ser o profeta de Deus.

CAPTURADOS PELA ASSÍRIA

II Reis 17

Os anos se passaram e Israel caiu em desgraça. Seus reis eram maus e o povo tinha se desviado de Deus para adorar Baal e outros ídolos falsos. Então, quando os grandes exércitos da Assíria vieram, Israel caiu, pois estava na hora de Deus

punir seus filhos. Por quase três anos os exércitos da Assíria sitiaram a cidade de Samaria e, por fim, ela caiu. Então os israelitas foram forçados a deixar o país deles e puseram-se a marchar para uma terra distante. Logo um novo povo veio viver em Samaria, trazendo junto seus falsos deuses.

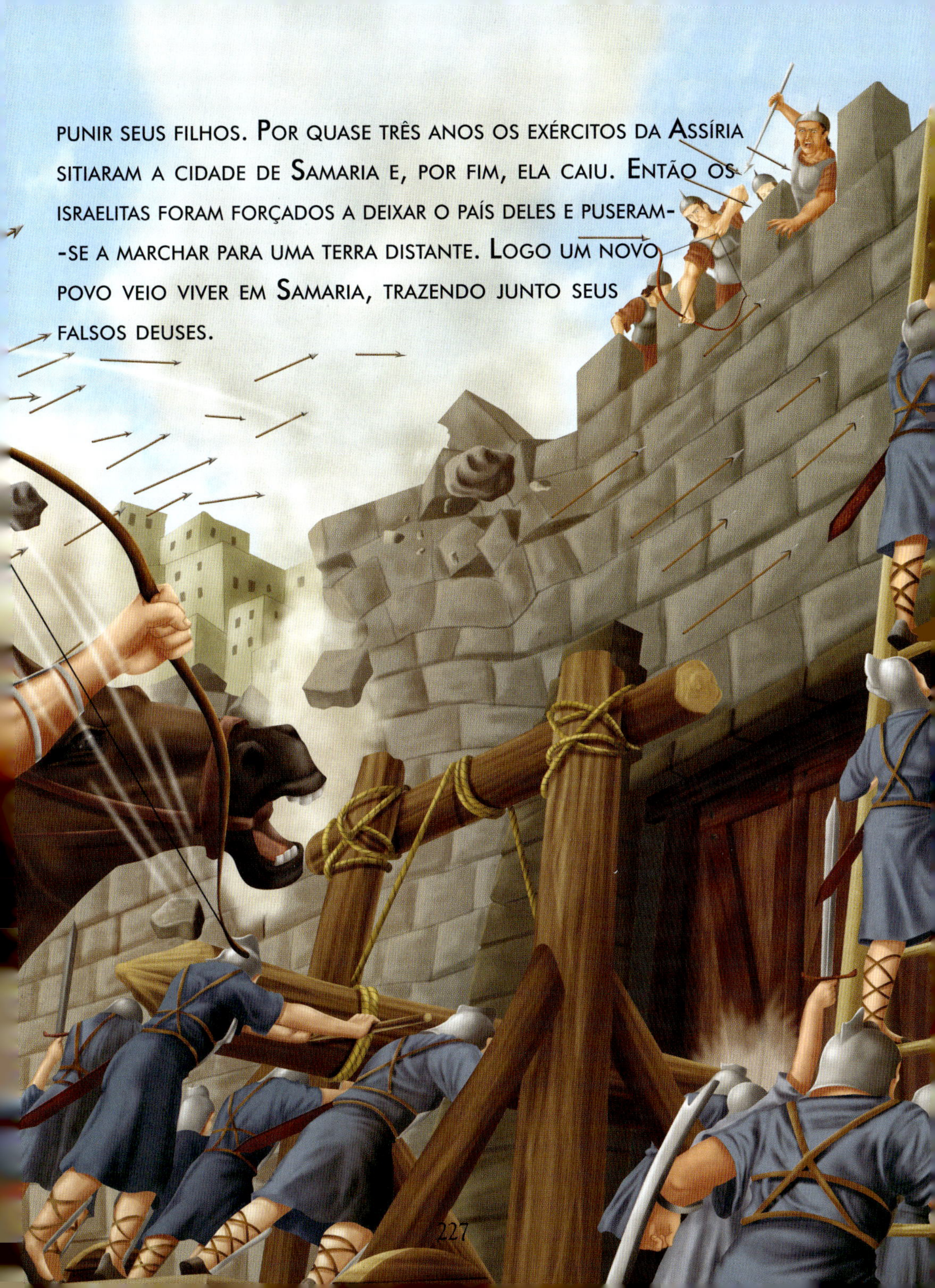

A ORAÇÃO DE EZEQUIAS

II Reis 18-20; II Crônicas 29-32

Mais ao sul, Ezequias era rei de Judá. Ele era um homem bom e se recusava a fazer uma aliança com a Assíria, optando por depender somente de Deus para proteção. Logo o poderoso exército da Assíria chegou diante dos portões de Jerusalém e exigiu que a cidade se entregasse. O povo se intimidou por medo, mas Isaías disse: "Não tenham medo. Não cometam o mesmo erro que Israel. Confiem em Deus, que Ele nos salvará."

O exército inimigo enviou outra mensagem. "O seu Deus não salvará vocês. Ele não salvou Samaria! E nenhum dos outros deuses de qualquer dos outros países que temos conquistado jamais salvou seu povo também! Desistam agora e seremos misericordiosos."

Ezequias foi ao templo e orou a Deus. "Você é o único Deus verdadeiro", disse ele. "Deposito toda a minha confiança em Você, Senhor. Livre-nos desses assírios que o insultam, para que todos os reinos possam saber que somente Você, Senhor, é Deus."

Naquela noite, o anjo do Senhor passou pelo acampamento assírio, e quando o sol se levantou, na manhã seguinte, revelou cadáveres de milhares e milhares de soldados assírios. Depois disso, aqueles assírios que ainda estavam vivos arrumaram suas coisas e marcharam para casa tão depressa quanto puderam!

SUPLICANDO POR CURA

Isaías 38

Ezequias precisava ser forte para governar Judá, mas, em vez disso, ficou doente. Uma chaga em sua pele espalhou infecção pelo seu corpo feito veneno, até que ele ficou perto de morrer. Isaías lhe contou que Deus havia dito que ele teria que tentar colocar suas questões em ordem. Ezequias estava desanimado. Ele se virou para a parede, chorando, e fez uma oração franca para Deus: "Lembre-se, Senhor, como eu sempre O amei e tentei servi-lO fielmente."

Então Isaías disse ao rei: "O Senhor ouviu a sua oração. Ele vai deixar você viver por mais quinze anos, e Ele vai salvá-lo do seu inimigo, a Assíria. E este é o sinal do Senhor para você: Deus fará retroceder dez graus a sombra proveniente do sol, no relógio de Acaz." E assim a luz do sol retrocedeu os dez graus que já havia declinado!

Isaías disse aos servos que preparassem uma pasta de figos e a colocassem sobre a chaga. E então, pela manhã Ezequias estava curado! Cheio de gratidão, ele prometeu passar o restante de sua vida louvando a Deus.

JOSIAS E O LIVRO DA LEI

II Reis 22-23; II Crônicas 34-35

Josias tinha apenas oito anos quando se sentou pela primeira vez no trono de Judá. A nação havia mais uma vez trilhado caminhos maus, mas Josias era um bom rei que tentava trazer seu povo de volta ao caminho de Deus. Ele enviou homens para consertarem o templo do Senhor, que estava, mais uma vez, sendo negligenciado. Um dos trabalhadores deparou com o Livro da Lei, e um sacerdote levou o livro ao rei.

Quando Josias começou a ler as leis de Deus, ficou aterrorizado e desanimado. Ele viu o quanto o povo havia se distanciado, e como tinha rompido sua promessa para com Deus. Ele mandou chamar todo o povo de Judá e Jerusalém e leu o Livro da Lei em voz alta para todos. Eles prometeram obedecer à palavra de Deus. Ele os fez destruir os seus falsos ídolos e expulsou os sacerdotes de Baal e também se certificou de que eles celebrassem a Páscoa adequadamente.

Enquanto Josias viveu, o povo adorou a Deus e seguiu suas leis. Mas Josias morreu na guerra quando ainda era jovem, e seu filho Jeoiaquim se tornou rei, e sob seu governo o povo logo escorregou de volta a seus antigos caminhos.

JEREMIAS É CHAMADO

Jeremias 1

Um dos grandes profetas do Senhor foi Jeremias. Ele foi escolhido por Deus para passar sua mensagem aos reis e ao povo de Judá, em uma época muito difícil. Quando Jeremias ouviu Deus falar com ele pela primeira vez, achou que era jovem demais e inexperiente para ser um profeta. Mas Deus disse: "Não se preocupe. Eu estarei com você e colocarei as palavras em sua boca."

Deus quis alertar seu povo de que um grande inimigo viria sobre eles. Ele mostrou a Jeremias uma grande panela sobre um fogo ardente. Enquanto Jeremias observava, o líquido na panela começou a ferver, passando por cima num grande fluxo de líquido fervente.

"Do mesmo modo, um inimigo do norte vai se derramar sobre as terras de Judá e Jerusalém, e destruir tudo o que está em seu percurso", advertiu Deus. "Você tem que alertar o povo para que ele se desvie de seus caminhos perversos e volte para as minhas leis, pois somente então será salvo."

O povo não gostou de escutar aquilo que Jeremias tinha a dizer. Seus membros não queriam obedecer às leis de Deus para serem abençoados por Ele, e assim Jeremias se tornou extremamente impopular! Mas mesmo assim ele transmitia as mensagens de Deus.

O BARRO DO OLEIRO

Jeremias 18-20

Jeremias observou um oleiro moldando peças de barro bruto, em belos vasos e úteis cântaros. Às vezes, o barro não se transformava naquilo que o oleiro queria fazer; então ele começava novamente e o moldava para fazer algo diferente. "Israel é como o barro", Deus disse. "Se Israel fizer o mal, transformarei tudo o que de bom eu tinha planejado para eles, mas se Israel se arrepender, então terei compaixão."

Deus disse a Jeremias para advertir o povo de que a desgraça estava chegando e que somente sendo verdadeiramente arrependidos eles poderiam cessar isso. Mas ele sabia que o povo não escutaria. Jeremias levou alguns sacerdotes e anciãos ao Vale do Filho de Hinom. Ele os advertiu de que Deus iria punir seu povo por causa de seus delitos. Judá e Jerusalém cairiam sob as espadas de seus inimigos e seus corpos iriam atapetar o chão. O lugar se tornaria conhecido como o Vale da Matança. Então Jeremias quebrou um jarro de barro em vários pedaços e disse: "Deus esmagará esta nação e esta cidade assim como este jarro foi quebrado."

Os sacerdotes ficaram tão zangados, que atiraram Jeremias na prisão!

O ROLO DE PERGAMINHO

Jeremias 36

Por mais de vinte anos, Jeremias continuou fielmente a advertir o povo de Judá para se voltar para Deus. Deus disse a Jeremias para escrever tudo o que Ele tinha dito em um rolo de pergaminho. Quando tudo havia sido escrito, Jeremias pediu a seu amigo se ele leria o pergaminho no templo, já que Jeremias não tinha mais permissão para entrar lá.

Quando os oficiais do Rei Jeoiaquim descobriram isso, eles sabiam que o rei ficaria furioso. Levaram o rolo de pergaminho até ele, e, conforme liam o que estava escrito, o rosto do rei ia ficando cada vez mais vermelho de ódio. Cada vez que o oficial lia parte do pergaminho, o rei de coração duro pegava seu punhal, cortava aquela parte e a lançava no fogo. Quando o rolo de pergaminho inteiro foi queimado, ele mandou seus guardas prenderem Jeremias e seu amigo, mas eles estavam escondidos, a salvo.

O rei pensou que houvesse se livrado das palavras de Deus. Mas Deus simplesmente disse a Jeremias para escrevê-las novamente, e que dissesse ao rei que ele e seus filhos e toda a Judá seriam punidos.

SUBJUGADOS!

Jeremias 29

Por muito tempo o povo de Judá havia ignorado as advertências de Deus. Era hora de eles serem punidos. Veio um novo inimigo do norte, mais terrível que os anteriores – a Babilônia! Assim como Jeremias tinha advertido, Jerusalém ficou sob o domínio do poderoso Nabucodonosor e seu exército, e todas as pessoas fortes e habilidosas foram enviadas para a Babilônia. Enquanto isso, Nabucodonosor escolheu seu próprio rei fantoche para colocar no trono, e roubou o templo e seus tesouros.

Deus sabia que os israelitas exilados na Babilônia estariam nas profundezas do desespero; então Jeremias, que tinha ficado para trás, escreveu uma carta para confortá-los e lhes dar esperança:

Isto é o que o Senhor diz: Quando setenta anos se passarem, eu os trarei de volta a este lugar. Vocês vão orar para Mim, e eu ouvirei. Vocês vão me buscar e vão me achar quando me buscarem com todo o seu coração, e eu os trarei de volta do cativeiro. Eu reunirei vocês de todos os lugares para onde os lancei, e tornarei a trazê-los ao lugar de onde os levei ao exílio.

FIGOS BONS E FIGOS RUINS

Jeremias 24

As pessoas deixadas na cidade estavam se sentindo muito satisfeitas com sua situação. Elas haviam sido vencidas por um soberano estrangeiro, mas pelo menos não tinham sido capturadas e mandadas embora. Jeremias perguntou a Deus porque Ele não as punira, já que eram orgulhosas e não tinham se afastado de seus caminhos perversos.

Deus mostrou a Jeremias dois cestos de figos, e perguntou-lhe o que ele via. Jeremias respondeu, um tanto intrigado: "Eu vejo um cesto cheio de figos maduros e que parecem saborosos, e um outro cesto cheio de figos tão podres que ninguém gostaria de comê-los."

"O povo de Jerusalém é como aqueles figos", Deus disse a ele. "Aqueles já levados de Jerusalém para a Babilônia começaram a se arrepender e estão aprendendo a se voltar para mim. Eu cuidarei deles, e um dia os trarei de volta para sua terra natal."

"Mas as pessoas que ficaram em Jerusalém são como os figos no segundo cesto. Elas estão podres e nunca mudarão seus caminhos. Quer por espada ou fome ou peste, todas elas vão ser extirpadas desta terra, até a última delas!"

DESCENDO EM UM POÇO

Jeremias 37-38

Repetidas vezes Jeremias tentava alertar o novo rei de que Judá não era forte o bastante para se rebelar contra o poder da Babilônia. Por ora, eles teriam que fazer como Nabucodonosor ordenava. Mas o Rei Zedequias e seus oficiais ficavam zangados quando Jeremias tentava lhes dizer coisas assim.

Certo dia, quando ele estava saindo da cidade, os guardas o prenderam e ele foi acusado de tentar escapar para o inimigo. Ele foi preso em correntes e o trancaram na prisão. Mas alguns membros do povo da cidade ainda vinham escutar o profeta, e, frustrados, os oficiais furiosos o jogaram no fundo de uma cisterna que não era usada - profunda, escura e cheia de lama.

Porém, um dos oficiais do rei ouviu sua consciência. Ele foi pedir ao rei se poderia deixar Jeremias sair, já que, caso contrário, certamente ele morreria de fome, e o rei então concordou. Levando alguns homens consigo, o bom oficial foi até a cisterna e, cuidadosamente, puxou o pobre Jeremias para fora, ao ar fresco.

A QUEDA DE JERUSALÉM

II Reis 25; II Crônicas 36

Zedequias se recusou a escutar Jeremias e tentou se rebelar contra Nabucodonosor. Então, mais uma vez, as poderosas forças da Babilônia vieram contra Judá e se acamparam do lado de fora de Jerusalém. Zedequias ficou aterrorizado. Desta vez, ele implorou a Jeremias em busca de orientação, e Jeremias lhe disse: "Deus diz: 'Se você se render, a sua vida será poupada e a cidade não será queimada. Mas se você não se render, a cidade será dada aos babilônios e eles a queimarão e você não escapará.'"

Mesmo assim, Zedequias não quis escutar Jeremias. Em vez disso, tentou escapar da cidade com seu exército, no meio da noite. Mas os babilônios os liquidaram e então destruíram a cidade totalmente. Eles atearam fogo no templo, no palácio e em todas as casas, e o restante do povo foi levado embora como escravo. Eles tinham se recusado a escutar a Deus e agora estavam sendo punidos.

CONSOLO NO DESESPERO

Isaías 40

Jerusalém foi destruída. Deus havia punido seus filhos desobedientes. Mas Ele não tinha deixado de amá-los. Anos antes, Isaías ficou sabendo que isso aconteceria, e ele tinha uma mensagem de esperança para os exilados de Deus:

"Console o meu povo", diz o Senhor. "Fale ternamente com Jerusalém e lhe diga que ela pagou por seus pecados."

"Uma voz diz: 'Preparem um caminho no ermo para o Senhor. E a glória do Senhor será revelada e todos a verão em conjunto. As pessoas são como o capim, e a sua fidelidade é como as flores. O capim murcha e as flores caem, mas a palavra de nosso Deus dura para sempre.'"

"Deus governa com um braço poderoso. Ele zela por seu rebanho como um pastor de ovelhas. Ele reúne as ovelhas em seus braços e as carrega perto de seu coração. Portanto, nunca acredite que Ele não se importa com você."

"Deus não se cansará. Ele dá força e poder àqueles que precisam. Aqueles que depositam sua confiança em Deus subirão com asas, como águias; correrão e não se cansarão."

Deus sabia que seus filhos aprenderiam com suas lições. Eles iriam novamente aprender a amá-LO e adorá-LO e trilhar Seus caminhos, e então eles retornariam para casa, com Deus ao lado deles. Mas no momento, eles eram escravos em um país estrangeiro.

A INCRÍVEL VISÃO DE EZEQUIEL

Ezequiel 1

Fazia cinco anos que Ezequiel tinha visto sua amada terra natal. Agora ele vivia na Babilônia, entre os outros cativos. Nesse período, a queda final de Jerusalém e de seu templo não havia acontecido, ainda, mas a maioria das pessoas com habilidades tinha sido forçada a deixar a cidade.

Ezequiel era um homem bom, que amava a Deus. Certo dia, ele estava perto do rio quando uma enorme nuvem apareceu no céu, circundada por uma luz brilhante, e dentro dela Ezequiel teve a mais incrível visão.

Dentro da nuvem apareceram quatro criaturas cercadas de fogo. Relâmpagos faiscavam por toda parte. Cada criatura tinha quatro rostos – de humano, de leão, de boi e de águia – e quatro asas. O som das asas era como o de água vertendo. Ao lado de cada criatura havia uma roda, e dentro dela havia uma outra roda, e as rodas brilhavam feito topázio e se moviam com as criaturas que estavam debaixo de uma abóbada reluzente.

ACIMA DISSO HAVIA UM TRONO DE PEDRA DE SAFIRA, SOBRE O QUAL ESTAVA UMA FIGURA SEMELHANTE A DE UM HOMEM, MAS BRILHANTE COMO SE FOSSE DE FOGO, CERCADA DE LUZ. ENTÃO, DEUS FALOU PARA EZEQUIEL E LHE DISSE QUE ELE HAVIA SIDO ESCOLHIDO PARA TRANSMITIR A MENSAGEM DE DEUS PARA O SEU POVO, POR MAIS OBSTINADOS E REBELDES QUE SEUS CIDADÃOS PUDESSEM ESTAR.

O AVISO DE EZEQUIEL

Ezequiel 4-5

Deus disse a Ezequiel para pegar um tijolo de barro e desenhar nele uma figura de Jerusalém. Em seguida, era para ele sitiar a cidade, colocando acampamentos inimigos e aríetes ao redor dela, e então ele deveria pegar uma panela de ferro e colocá-la entre ele e o tijolo, como se fosse um muro. Finalmente, ele deveria se deitar de lado por muitos, muitos dias para suportar os pecados do povo de Israel e Judá, e deveria comer somente um pequeno pãozinho, que ele precisaria fazer a cada dia, e beber somente um pouco de água. Deus estava mostrando ao povo que Jerusalém estaria sob cerco mais uma vez, e que o povo teria pouco para comer e beber.

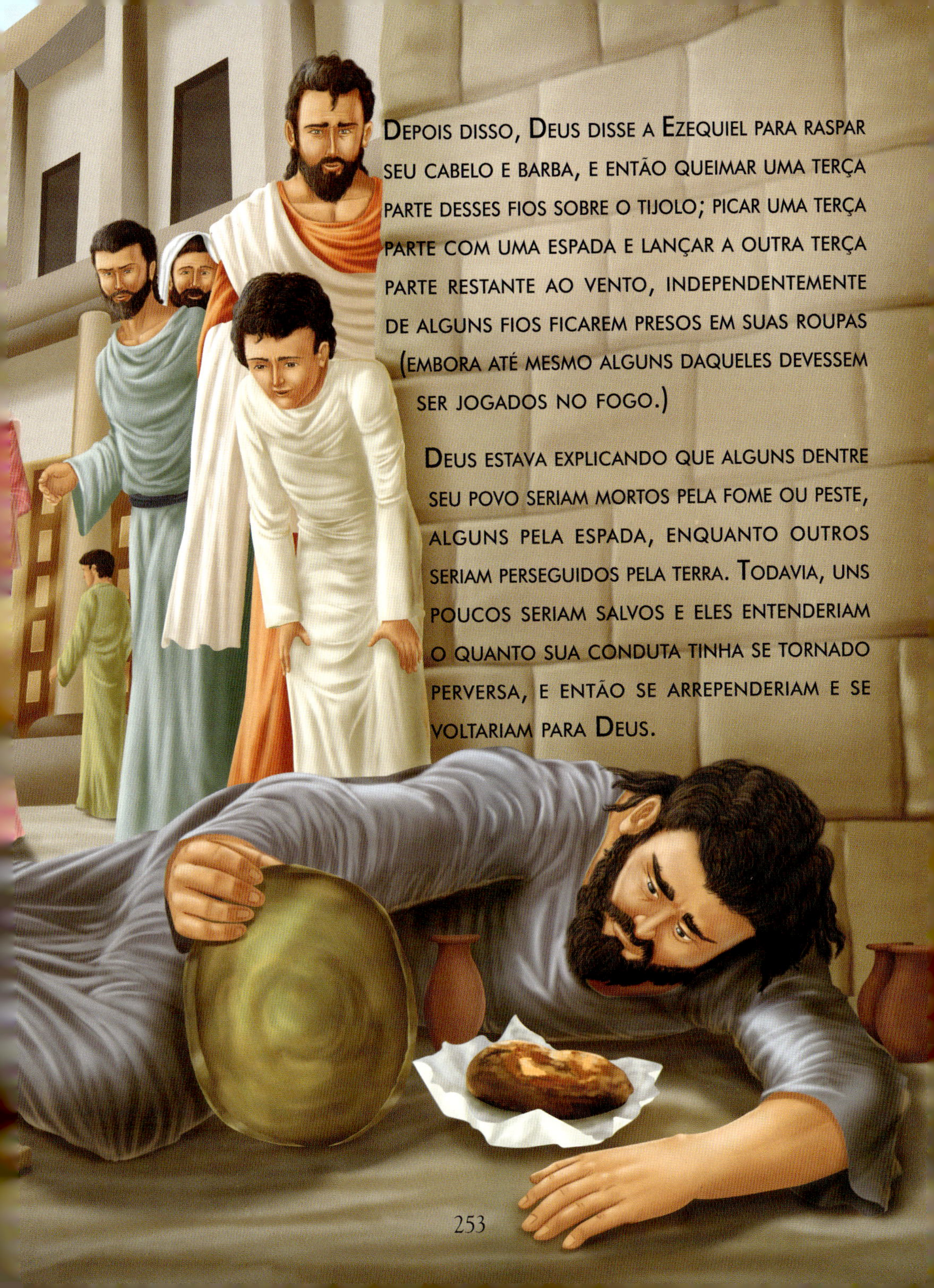

Depois disso, Deus disse a Ezequiel para raspar seu cabelo e barba, e então queimar uma terça parte desses fios sobre o tijolo; picar uma terça parte com uma espada e lançar a outra terça parte restante ao vento, independentemente de alguns fios ficarem presos em suas roupas (embora até mesmo alguns daqueles devessem ser jogados no fogo.)

Deus estava explicando que alguns dentre seu povo seriam mortos pela fome ou peste, alguns pela espada, enquanto outros seriam perseguidos pela terra. Todavia, uns poucos seriam salvos e eles entenderiam o quanto sua conduta tinha se tornado perversa, e então se arrependeriam e se voltariam para Deus.

A OVELHA PERDIDA

Ezequiel 34

Assim como Ezequiel tinha alertado, os exércitos de Nabucodonosor mais uma vez atacaram Jerusalém e, desta vez, eles destruíram tudo. Os muros foram destruídos completamente, o templo sagrado foi saqueado e queimado, e todos os seus membros foram mortos ou escravizados.

Ezequiel disse aos líderes dos que estavam no exílio, que eles tinham falhado com o seu povo. Eles deveriam ter cuidado de seu povo como os pastores zelam por suas ovelhas, importando-se com as fracas e curando as doentes, procurando aquelas que estavam perdidas ou que haviam se desgarrado.

Em vez disso, eles haviam sido rudes e cruéis, e as ovelhas tinham se desgarrado e se tornado presas de animais selvagens que rondavam a terra.

Agora o próprio Deus reuniria suas ovelhas desgarradas, resgatando--as de lugares sombrios em que elas haviam se dispersado e trazendo-as de volta a Israel, onde Ele iria cuidar delas.

O VALE DOS OSSOS

Ezequiel 37

Quando os exilados souberam da queda de Jerusalém, tiveram certeza de que Deus os tinha abandonado. Deus queria que eles soubessem que, assim que tivessem aprendido a lição, Ele os purificaria de seus pecados e eles poderiam começar de novo. Então levou Ezequiel para um vale repleto de ossos e perguntou-lhe se eles poderiam reviver.

"Você o sabe, Senhor", respondeu Ezequiel, quando Deus lhe disse para profetizar sobre os ossos, garantindo que os traria à vida.

Quando Ezequiel terminou de falar, ele ouviu um ruido de raspagem, depois um chocalhar, e diante de seus olhos os ossos se juntaram para formar esqueletos inteiros. Então ele viu que os músculos e os ligamentos estavam se juntando aos ossos e que os esqueletos ficavam cobertos de pele.

Deus disse: "Diga aos ventos para assoprar fôlego nesses corpos", e Ezequiel fez assim. E veio um ruído de assobio, enquanto os ventos davam vida aos corpos mortos. Primeiro, seus tóraxes começaram a se movimentar, depois suas pernas e braços, e logo diante dele estava um imenso exército de homens. Então Deus disse a Ezequiel: "Meu povo é como esses ossos. Eles perderam toda a esperança e estão como que sem vida. Mas você tem que lhes dizer que eu soprarei vida nova em meu povo."

LEGUMES E ÁGUA

DANIEL 1

DANIEL ERA OUTRO EXILADO VIVENDO NA BABILÔNIA. POR TER VINDO DE UMA BOA FAMÍLIA, E POR SER ESPERTO E FORTE, HAVIA SIDO ESCOLHIDO PARA VIVER NO PALÁCIO REAL, ONDE ELE E SEUS TRÊS AMIGOS ERAM BEM TRATADOS E EDUCADOS NO IDIOMA, NA CIÊNCIA E NA FILOSOFIA DA BABILÔNIA.

DANIEL ESTAVA INFELIZ EM RELAÇÃO A COMER A COMIDA E BEBER O VINHO EXTRAVAGANTE DO REI, POIS DEUS TINHA

proibido o Seu povo de comer certos alimentos. Então, perguntou se ele e seus amigos poderiam comer somente legumes e beber água. Receando que eles se tornassem fracos e doentes, o encarregado-chefe do palácio recusou, mas Daniel não desistiu. E disse ao guarda que trouxe o alimento: "Dê-nos legumes e água por dez dias, e então veja a nossa aparência!" O encarregado-chefe concordou, e após dez dias ficou espantado ao ver que os amigos estavam, na verdade, mais saudáveis e em melhores condições físicas do que os outros homens, e assim foi-lhes permitido continuar.

Por três anos Deus esteve com eles e, no final desse tempo, eles eram os mais espertos e mais sábios de todos os alunos. Daniel podia até decifrar sonhos. Então, foram escolhidos para atuar como conselheiros do próprio rei.

O SONHO MISTERIOSO

Daniel 2

Não muito tempo depois disso, o rei começou a ter pesadelos – na verdade, ele tinha sempre o mesmo sonho horrível. Estava tão preocupado e aborrecido com isso, que mandou chamar todos os seus adivinhadores e feiticeiros, dizendo: "Meu sonho está me preocupando. Digam-me o que ele significa."

Seus conselheiros pareciam confusos. Eles pediram ao rei para descrever o sonho, mas o rei queria que eles descobrissem por si mesmos e então lhe dissessem o significado. "Nenhum rei jamais pediu tal coisa!", exclamaram os feiticeiros, perplexos. "O que o senhor pede é impossível! Somente os deuses poderiam fazer isso!"

O rei ficou tão furioso, que mandou executar todos eles – e todos os seus conselheiros, incluindo Daniel e seus amigos!

O SONHO INTERPRETADO

DANIEL 2

DANIEL PEDIU TEMPO PARA INTERPRETAR O SONHO, E ENTÃO ELE E SEUS AMIGOS ORARAM A DEUS. NAQUELA NOITE, O MISTÉRIO FOI REVELADO A ELE. NO DIA SEGUINTE, DANIEL EXPLICOU QUE O SONHO PREDIZIA O FUTURO:

"O SENHOR VIU UMA IMENSA E TERRÍVEL ESTÁTUA DE PÉ DIANTE DE SI. SUA CABEÇA ERA FEITA DE OURO BRILHANTE; SEU PEITO E BRAÇOS, DE PRATA; SUA CINTURA E QUADRIS, DE BRONZE; SUAS PERNAS DE FERRO, E SEUS PÉS, PARTE DE FERRO E PARTE DE BARRO. ENQUANTO O SENHOR OBSERVAVA, UMA GRANDE PEDRA CAIU, ESMAGANDO OS PÉS E OS DESTRUINDO. ENTÃO A ESTÁTUA INTEIRA FOI CAINDO EM PEDAÇOS, DESAPARECENDO NA POEIRA E LEVADA PELO VENTO. MAS A PEDRA SE TRANSFORMOU EM UMA MONTANHA QUE COBRIA A TERRA INTEIRA.

ESTE É O SEU SIGNIFICADO: O PODEROSO REINO DA BABILÔNIA É A CABEÇA DE OURO, E AS OUTRAS PARTES DA ESTÁTUA SÃO IMPÉRIOS QUE AINDA VIRÃO. HAVERÁ UM OUTRO IMPÉRIO, E DEPOIS OUTRO, QUE VAI GOVERNAR A TERRA INTEIRA. E AINDA MAIS UM OUTRO IMPÉRIO EMERGIRÁ, TÃO FORTE QUANTO O FERRO, ESMAGANDO TODOS OS ANTERIORES. CONTUDO, ELE SERÁ DIVIDIDO, POIS OS PÉS FORAM FEITOS DE FERRO E DE BARRO. MAS DEUS ESTABELECERÁ UM OUTRO REINO QUE NUNCA SERÁ CONQUISTADO, E QUE DESTRUIRÁ TODOS AQUELES ANTES DELE. O REINO DE DEUS NUNCA TERMINARÁ. ESTE É A PEDRA QUE SE TRANSFORMARÁ EM MONTANHA."

O IMPRESSIONADO REI DECLAROU QUE O DEUS DE DANIEL ERA, VERDADEIRAMENTE, O MAIS SÁBIO E O MAIOR, E COLOCOU DANIEL COMO SEU CONSELHEIRO PRINCIPAL.

A ESTÁTUA DE OURO

Daniel 3

A humildade do rei Nabucodonosor não durou muito. Pouco tempo depois, ele decidiu mandar construir uma grande estátua feita de ouro, de vinte e sete metros de altura e dois metros e setenta centímetros de largura. Quando estava concluída, uma cerimônia especial foi feita. Um arauto anunciou em voz alta:

"Povo do império! Em breve, vocês ouvirão as trombetas e outros instrumentos. Vocês têm que se curvar e adorar a estátua. Se não o fizerem, serão lançados na fornalha ardente!"

Assim que a fanfarra ecoou, todos se curvaram e adoraram a estátua de ouro. Mas entre a multidão estavam os três amigos de Daniel: Sadraque, Mesaque e Abednego, que se recusaram a se inclinar diante da estátua, pois fazer isso seria desobedecer ao mandamento de Deus, de adorar somente a Ele.

A FORNALHA ARDENTE

Daniel 3

Quando o rei soube da oposição dos três homens, ficou furioso. Ele lhes ofereceu mais uma chance de obedecer, mas os jovens ainda recusaram, dizendo: "Poderoso rei, não vamos nos curvar a ninguém, exceto ao nosso Deus. Ele pode nos salvar da fornalha, mas mesmo que Ele não o faça, nós nunca adoraremos a sua estátua."

O zangado rei disse aos seus guardas para amarrá-los firmemente com cordas, e colocarem mais fogo na fornalha, até que ela estivesse sete vezes mais quente do que o normal. Então eles foram lançados nas chamas. A fornalha estava tão quente, que os próprios guardas foram mortos pelas queimaduras!

Nabucodonosor observava. De repente, ele saltou de incredulidade, porque dentro da fornalha ele pôde ver quatro homens: Sadraque, Mesaque e Abednego, que não estavam mais atados, mas andavam ali dentro livremente, e com eles estava um quarto homem, que parecia o Filho de Deus!

O rei chamou os homens para fora do fogo, e então os amigos saíram caminhando ilesos das chamas. A pele deles não estava queimada e suas roupas não estavam chamuscadas. Nabucodonosor ficou espantado. "O seu Deus é, de fato, impressionante, pois Ele enviou um anjo para resgatar os servos que estavam dispostos a entregar suas vidas para seguir Seus mandamentos. Ele deve ser louvado. Nenhum outro deus poderia fazer o que Ele fez!"

A GRANDE ÁRVORE

Daniel 4

O rei Nabucodonosor ainda teve um outro sonho aterrorizante. Nenhum de seus conselheiros pôde ajudar, então ele mandou chamar Daniel, dizendo: "Eu sei que o seu Deus pode solucionar todos os mistérios. Na noite passada, tive um sonho horrível. Estava diante de mim uma árvore enorme, elevando-se sobre a terra, forte e alta, com seus galhos mais altos tocando o céu. Ela podia ser vista até nos confins da terra. As folhas eram verdes e os galhos estavam carregados com frutas para cada criatura vivente. Os animais se abrigavam debaixo de seus ramos e as aves viviam alegremente nos galhos.

"Então, veio um mensageiro do céu que bradou que ela tinha que ser derrubada e as frutas, espalhadas. As aves e os animais teriam que fugir, mas o tronco e suas raízes deveriam permanecer. E o mensageiro disse: 'Deixe que ele viva fora, entre os animais, por sete longos anos, com a mente de um animal selvagem, para que todos saibam que apenas Deus controla todos os reinos e escolhe seus governantes.'"

Daniel mal sabia o que dizer! "Poderoso rei", ele respondeu, nitidamente aborrecido: "Como eu gostaria que este sonho não fosse para o senhor! Veja bem, o senhor é a árvore. O seu império é forte e grande e cobre a terra. Todavia, a menos que o senhor aprenda a honrar a Deus, o senhor será derrubado e se tornará

louco e será Forçado a viver como um animal selvagem por sete anos! Mas o tronco da árvore permanecerá, e se o senhor abandonar o seu orgulho e adorar a Deus, então Ele devolverá a sua grandeza novamente. Então, por favor, poderoso rei", ele implorou, "preste atenção agora e siga a vontade de Deus, e então talvez isso nunca venha a acontecer!"

O HOMEM SELVAGEM

DANIEL 4

NABUCODONOSOR FICOU CHOCADO A PRINCÍPIO, MAS POUCO A POUCO VOLTOU AOS SEUS VELHOS HÁBITOS. CERTO DIA, CERCA DE UM ANO MAIS TARDE, NABUCODONOSOR ESTAVA CAMINHANDO NO TERRAÇO DO PALÁCIO REAL, OBSERVANDO A BABILÔNIA DO ALTO. ELE ESTAVA CHEIO DE ORGULHO: "TUDO ISSO É MINHA OBRA!", DISSE ELE, ARROGANTEMENTE. "COMO SOU GRANDE E PODEROSO!"

ASSIM QUE ELE PROFERIU ISSO, SEUS OUVIDOS FORAM INVADIDOS POR UM GRANDE ZUMBIDO. "REI NABUCODONOSOR, ESTE REINO NÃO É MAIS SEU. VOCÊ SERÁ FORÇADO A DEIXAR OS LUGARES DOS HOMENS E IR VIVER COM OS ANIMAIS SELVAGENS, ATÉ QUE APRENDA QUE DEUS ESTÁ NO CONTROLE DE TODOS OS REINOS TERRESTRES E QUE ELE ESCOLHE SEUS GOVERNANTES."

ENTÃO, O REI FOI TOMADO POR UMA TERRÍVEL LOUCURA E FOI FORÇADO A FUGIR DA CIDADE E VIVER NOS CAMPOS, COMENDO CAPIM FEITO ANIMAL SELVAGEM. SEU CABELO FICOU COMPRIDO E SUAS UNHAS PARECIAM AS GARRAS DE UMA AVE, E ELE NÃO SE LEMBRAVA QUE JÁ FORA UM DIA UM PODEROSO REI, QUE VIVIA EM UM PALÁCIO ELEGANTE.

APÓS SETE LONGOS ANOS, A MENTE DELE CLAREOU E ELE COMPREENDEU, POR FIM, QUE NÃO TINHA NADA DO QUE SE ORGULHAR – TUDO NA TERRA ERA DADO PELA BONDADE DE DEUS. APENAS DEUS ERA PODEROSO E VIGOROSO. ENTÃO, NABUCODONOSOR RETORNOU HUMILDEMENTE AO SEU PALÁCIO, E MAIS UMA VEZ SE TORNOU GOVERNANTE DO REINO.

A ESCRITA NA PAREDE

Daniel 5

Depois de Nabucodonosor, Belsazar foi rei. Certa noite, ele deu um grande banquete, com comidas exóticas e vinho de excelente qualidade, e mandou usar as taças de prata e ouro do templo em Jerusalém, para que ele e seus convidados pudessem beber vinho delas, já que adoravam os falsos ídolos que haviam criado.

Repentinamente, os dedos de uma mão humana apareceram e começaram a escrever no reboco da parede. O rei ficou pálido de terror e começou a tremer. Ele perguntou aos seus conselheiros o que a escrita esquisita significava, e prometeu recompensá-los com riquezas se pudessem decifrá-la, mas nenhum deles tinha uma pista.

Por sugestão da rainha, o rei mandou buscar Daniel, que lhe disse que não queria recompensa alguma, mas que diria o que a escrita significava, conforme o que Deus lhe havia revelado.

"O rei Nabucodonosor era poderoso e orgulhoso, mas aprendeu que apenas Deus governa sobre este mundo e escolhe quem será rei. Você, porém, não aprendeu essa lição. O seu coração é duro e você está cheio de orgulho. Você não honra o Deus que lhe tem dado tudo que você tem, mas usa as taças tiradas do templo sagrado de Deus e se curva diante de falsos ídolos.

Essa mão foi enviada da parte de Deus. Ele escreveu: 'Mene, Mene, Tequel, Parsim', e este é o seu significado: Mene – os dias do seu reinado foram numerados; Tequel – você foi pesado na balança e considerado em falta; Parsim – o seu reino será dividido."

Naquela mesma noite, Belsazar foi morto e Dario, o Medo, assumiu o reino.

A ARMADILHA TRAIÇOEIRA

Daniel 6

Dario ficou impressionado com Daniel, pois ele era sábio e honesto, e logo o colocou no comando de seu reino inteiro. Os outros oficiais ficaram com ciúme. Eles sabiam que Daniel orava para seu Deus todos os dias em sua janela, e arquitetaram um plano.

"Poderoso rei", disse um deles. "Nós escrevemos uma lei nova. Ela declara que nos próximos trinta dias quem pedir alguma coisa de qualquer deus ou qualquer homem, exceto o senhor, nosso rei, será lançado na cova dos leões. Por favor, assine o seu nome no decreto, para que isto seja oficial e não possa ser modificado." Então o rei assinou seu nome, pois não percebeu que eles estavam criando uma armadilha para Daniel!

Quando Daniel ouviu sobre a lei, continuou orando como sempre o fazia. Ele não iria cessar de orar a Deus, ou mesmo esconder o que estava fazendo. Quando seus inimigos viram isso, se apressaram em contar ao rei que Daniel estava infringindo a lei. O coração de Dario ficou deprimido. Ele passou o dia inteiro tentando pensar em alguma saída, mas ao pôr do sol seus conselheiros vieram para exigir que Daniel fosse jogado aos leões.

Então Daniel foi levado à cova. "Você tem sido fiel ao seu Deus. Eu espero que Ele possa salvá-lo", disse o rei, tristemente, enquanto Daniel era lançado aos leões.

DANIEL NA COVA DOS LEÕES

Daniel 6

Naquela noite, o rei não dormiu nem um instante. Ao primeiro raiar de luz, ele foi correndo para a cova. "Daniel!", ele gritou, mais de desespero do que de esperança. "O seu Deus foi capaz de salvar você?"

Ele não pôde acreditar em seus ouvidos quando Daniel respondeu: "Meu Deus enviou um anjo e fechou as bocas dos leões. Eles não me machucaram, porque sou inocente. Nem cometi delito algum contra o rei." O rei ficou muito feliz e mandou tirar Daniel, imediatamente. Depois, ordenou que os homens que lhe haviam preparado essa armadilha fossem eles mesmos lançados dentro da cova – e, desta vez, os leões foram implacáveis!

Depois disso, Dario ordenou ao seu povo para respeitar e honrar o Deus de Daniel, "Pois Ele pode fazer coisas maravilhosas no céu e na terra, e livrou Daniel do poder dos leões!"

AS VISÕES DE DANIEL

DANIEL 7-12

DANIEL TEVE MUITAS VISÕES. ELAS REVELAVAM O FUTURO DA TERRA. EM UMA, ELE VIU OS VENTOS DO CÉU AGITANDO O MAR E QUATRO GRANDES BESTAS EMERGINDO. ELE AS DESCREVEU: "A PRIMEIRA, ERA COMO UM LEÃO COM ASAS DE UMA ÁGUIA; A SEGUNDA, ERA COMO UM URSO COM TRÊS COSTELAS EM SUA BOCA; A TERCEIRA, ERA COMO UM LEOPARDO COM QUATRO CABEÇAS E QUATRO ASAS; ENQUANTO A ÚLTIMA BESTA, COM DENTES DE FERRO E DEZ CHIFRES, ERA MAIS TERRÍVEL QUE TODAS AS OUTRAS. ELA ESMAGAVA E DEVORAVA SUAS VÍTIMAS E PISOTEAVA QUALQUER COISA QUE RESTASSE.

QUANDO OLHEI, O ANCIÃO DOS DIAS ESTAVA SENTADO EM UM TRONO FLAMEJANTE, E UM RIO DE FOGO FLUÍA DIANTE DELE. AS TRÊS PRIMEIRAS BESTAS FORAM PRIVADAS DE SUA AUTORIDADE, EMBORA LHES TENHA SIDO PERMITIDO VIVER UM POUCO MAIS, MAS A QUARTA BESTA FOI ASSASSINADA E LANÇADA AO FOGO.

ENQUANTO EU OBSERVAVA ISSO, APARECEU UM SER COMO O FILHO DO HOMEM. A ELE FOI DADA GLÓRIA E PODER, E TODOS OS POVOS E NAÇÕES O ADORAVAM. SEU REINO É PARA SEMPRE E NÃO PODE SER DESTRUÍDO.

FOI-ME DITO QUE AS QUATRO BESTAS SÃO QUATRO REINOS QUE SE ERGUERÃO, CADA UM CONQUISTANDO O ANTERIOR, E O QUARTO DESTRUIRÁ A TERRA INTEIRA. TODAVIA, NO FINAL, ELE SERÁ JULGADO E TODOS OS REINOS DEBAIXO DO CÉU SERÃO ENTREGUES AO POVO SAGRADO DO ALTÍSSIMO. SEU REINO SERÁ PARA SEMPRE E TODOS OS GOVERNANTES ADORARÃO E OBEDECERÃO A ELE, E SEU POVO POSSUIRÁ SEU REINO PARA SEMPRE."

O RETORNO PARA JERUSALÉM

Esdras 1

Quando Daniel já era um homem idoso, o Rei Ciro tomou o trono. Seu império persa se estendeu por toda a redondeza, mas Deus tocou seu coração e o poderoso rei emitiu um decreto, estabelecendo que os exilados de Judá podiam finalmente retornar para casa. Ele também mandou pegar os preciosos tesouros levados do templo de Deus havia muitos anos e os devolveu para os exilados.

Era grande a empolgação e a alegria entre as pessoas. Elas não conseguiam acreditar que, finalmente, estavam retornando para casa! Mas nem todos estavam aptos a retornar a Jerusalém. A jornada seria longa e difícil, e levaria tempo para reconstruir o templo e a cidade. Somente os mais fortes e mais preparados seriam capazes de ir.

Daniel foi um daqueles que ficou para trás. Mas seu coração estava cheio de alegria, porque viu seu povo seguir seu caminho, cantando louvores a Deus e rindo e sorrindo. E ele deu graças a Deus por permitir a Seu povo retornar para casa e recomeçar.

A TAREFA ADIANTE

Esdras 3

Quando os exilados retornaram a Jerusalém, ficaram chocados e entristecidos. Os muros e construções estavam em ruínas e o templo sagrado não era mais do que uma pilha de cascalhos. Mesmo assim, todos se reanimaram para ajudar e deram tudo que pudessem compartilhar.

Levou tempo para acomodar a todos, mas eles edificaram um altar onde anteriormente havia estado o templo. Então puderam adorar a Deus adequadamente. Quando os fundamentos para o templo de Deus foram finalmente postos, o povo vibrou e celebrou, mas muitos também choraram, pois os mais idosos entre eles tinham visto o maravilhoso templo que um dia ficara de pé ali, tão imponente, e sabiam que ele nunca mais poderia ser igualado.

VIZINHOS SÓRDIDOS

Esdras 4

Quando os israelitas se encontravam exilados, um povo novo tinha vindo viver na terra rica e fértil. Eles eram conhecidos como samaritanos, e não ficaram animados ao ver o retorno dos judeus. Contudo, eles se ofereceram para ajudar a construir o templo. "Deixem-nos ajudar", disseram. "Nós adoramos a Deus também!" Mas o Príncipe Zorobabel se recusou, porque eles também adoravam a falsos ídolos. Deus não queria que ele aceitasse essa ajuda.

Isso os enfureceu, e agora eles estavam determinados a importunar seus novos vizinhos. Eles tentaram assustá-los para fazer com que parassem de trabalhar, subornaram oficiais para trabalhar contra eles, e, por fim, enviaram uma carta ao novo rei da Pérsia:

"Poderoso rei, achamos que o senhor deveria saber que os judeus se instalaram em Jerusalém e estão reconstruindo aquela cidade perversa. Jerusalém sempre foi uma cidade rebelde, e se eles derem um jeito de reconstruí-la, então certamente lhe trarão problema, e vão parar de pagar seus impostos. Como somos seus fiéis súditos, sentimo-nos obrigados a alertá-lo sobre a situação."

O rei da Pérsia ordenou que todo o trabalho de reconstrução da cidade deveria parar, e por dezesseis anos o trabalho no templo ficou parado.

RECONSTRUINDO O TEMPLO

Esdras 5; Ageu 2; Zacarias 8

Deus não queria que seu povo desistisse tão facilmente, então enviou dois profetas para falar com eles: Zacarias lembrou ao povo que Deus estava com seu povo e o protegeria contra seus inimigos; enquanto Ester lhes disse que era errado tornar suas próprias casas confortáveis, ao passo que o templo de Deus não estava concluído. Ester também disse que Deus havia prometido que o novo templo estaria tão cheio da Sua presença, que seria até mais glorioso que o templo do Rei Salomão!

Os judeus começaram a trabalhar mais uma vez. Quando os samaritanos os questionavam, eles respondiam que estavam fazendo como o Rei Ciro havia ordenado. Os samaritanos enviaram, entretanto, uma outra carta para a Pérsia, relatando ao rei o que os judeus tinham dito. Mas um novo rei estava no trono, e ele averiguou os registros reais e restaurou a ordem original. Depois, disse aos samaritanos para pararem de interferir e que dessem aos judeus qualquer coisa que solicitassem!

E ASSIM OS JUDEUS PUDERAM TRABALHAR ADEQUADAMENTE NO TEMPLO, E QUANDO, ENFIM, ELE FOI CONCLUÍDO, TODOS AGRADECERAM A DEUS.

OS MESMOS ERROS

Esdras 6-10

Muitos anos depois, quando outro poderoso rei ocupou o trono da Pérsia, surgiu um homem chamado Esdras. Ele receava que o povo de Judá não estivesse obedecendo às leis de Deus como deveria, e perguntou ao rei se poderia voltar a Jerusalém para guiar esse povo. Esdras tinha a bênção de Deus, e o rei o respeitava imensamente. Ele o enviou de volta para Jerusalém e deu-lhe prata e ouro para levar consigo e ofertar no templo.

Quando chegou a Jerusalém, Esdras percebeu que tinha razão em se preocupar. Os homens haviam se casado com mulheres estrangeiras, que tinham seus próprios deuses. Isso já havia trazido problemas para seu povo, antes! Esdras se sentiu muito envergonhado por eles terem cometido um erro tão estúpido assim, quando lhes fora dada uma segunda chance tão maravilhosa.

Ele falou com os líderes. Estes concordaram que teriam de acertar as coisas, e as esposas estrangeiras foram mandadas embora. O povo prometeu a Deus que tentaria honrar Seus mandamentos.

NEEMIAS CHORA

Neemias 1-2

Neemias era o administrador da vinha do Imperador Artaxerxes. Ele era um judeu na Babilônia, mas era bem respeitado. Tomou conhecimento que, embora o templo tivesse sido reconstruído em Jerusalém, os muros ainda estavam arruinados, a cidade estava sem portões e o povo ainda estava se esforçando. Neemias estava triste. Ele se sentou e chorou. Queria estar com seu povo e ajudá-lo. Então orou a Deus para amolecer o coração do imperador, a fim de que ele ajudasse.

Certo dia, tempos depois, quando Neemias estava servindo vinho ao imperador Artaxerxes, este olhou para ele de perto. "Você parece horrível", disse o imperador. "Existe alguma coisa que o esteja deixando infeliz?

Os servos não deveriam demonstrar qualquer sentimento, mas o imperador pareceu preocupado e, assim, Neemias decidiu falar. "Bondoso rei", ele respondeu humildemente, "como posso não ficar triste quando sei que minha cidade ainda está em ruínas?" E então ele implorou permissão para retornar à sua terra natal para ajudar a reconstruir a cidade.

O imperador olhou para ele por um instante, e então sorriu. "Diga-me o que você precisa", disse ele, e Neemias agradeceu a Deus por ter respondido às suas orações.

NEEMIAS EM JERUSALÉM

Neemias 2

Quando Neemias chegou a Jerusalém, não contou a ninguém que estava lá. Ele mesmo queria ver o que estava acontecendo. Uma noite, deu uma volta ao redor dos muros para ver em que condições estavam. Em alguns lugares, havia tantos pedregulhos no chão que seu jumento não conseguia passar.

Na manhã seguinte, ele foi até os líderes do povo e lhes disse: "Isso é uma desgraça! Precisamos reconstruir os muros e fazer novos portões. Deus respondeu às minhas orações quando eu quis voltar para cá, e Ele vai nos ajudar agora!" e assim o trabalho começou nos muros da cidade.

RECONSTRUINDO OS MUROS

Neemias 3-6

Todos que podiam ajudavam na reconstrução dos muros. Mas mesmo assim os samaritanos tentavam desencorajá-los: "Vocês nunca serão capazes de reconstruir aqueles muros!", eles zombavam. "Vocês acham que podem orar para o seu Deus e tudo será feito de um dia para o outro? E, de qualquer maneira, que tipo de muro patético vocês serão capazes de construir?" Mas os homens de Judá davam de costas e continuavam. Era trabalho árduo, mas eles se recusavam a desistir.

Os samaritanos estavam preocupados. Eles não queriam que Jerusalém ficasse forte e segura, então tramaram um ataque. Mas Neemias dividiu seus homens em dois grupos – metade trabalhava e metade montava guarda,

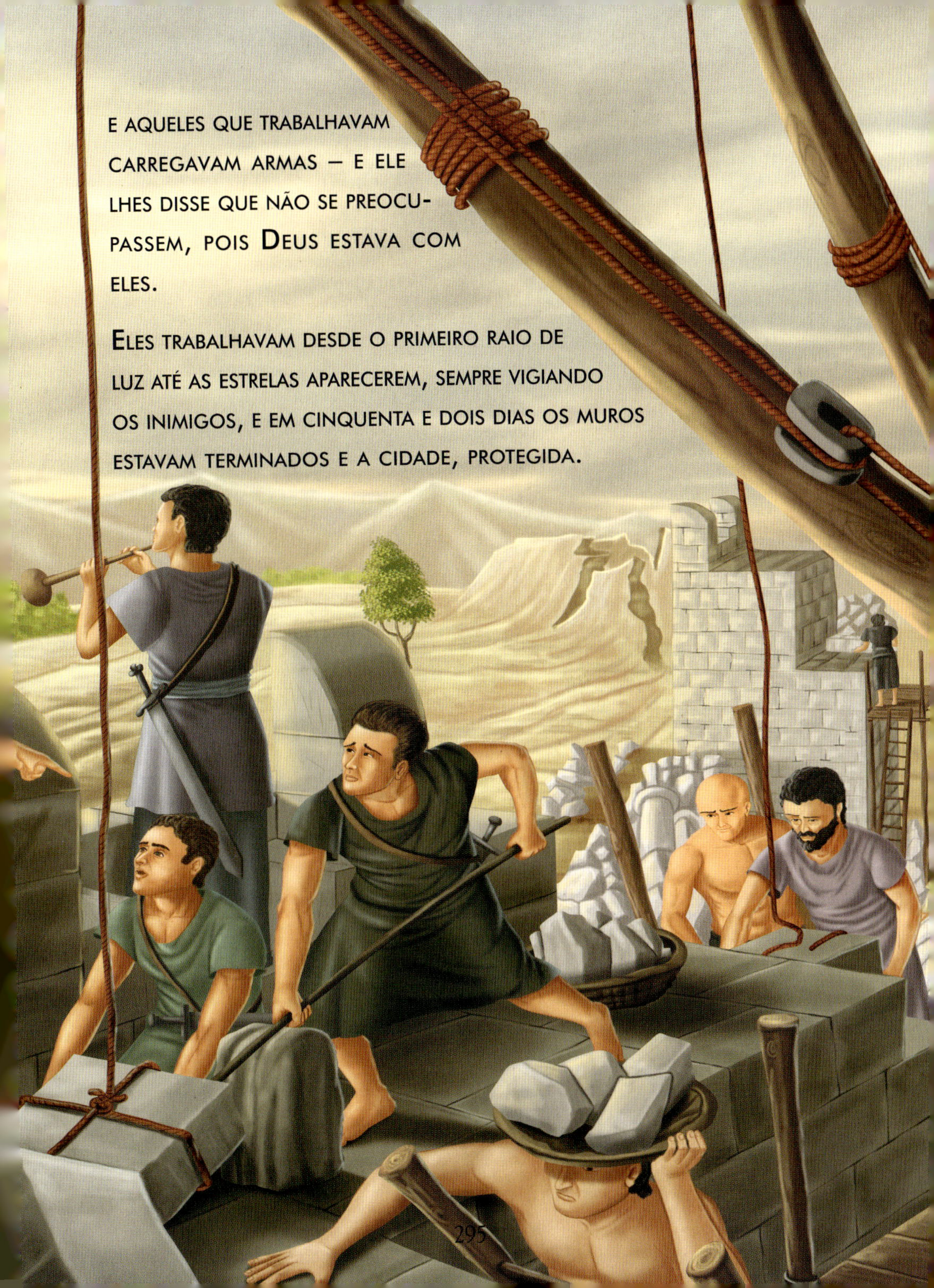

E aqueles que trabalhavam carregavam armas — e ele lhes disse que não se preocupassem, pois Deus estava com eles.

Eles trabalhavam desde o primeiro raio de luz até as estrelas aparecerem, sempre vigiando os inimigos, e em cinquenta e dois dias os muros estavam terminados e a cidade, protegida.

ESDRAS LÊ A LEI

Neemias 8-10

Quando os muros estavam concluídos, o povo se reuniu na praça da cidade e pediu a Esdras para ler-lhes passagens do Livro da Lei. Primeiro, Esdras louvou a Deus e todos se ajoelharam em adoração. Depois, Esdras começou a ler dos rolos de pergaminho em partes, e os sacerdotes foram passando entre as pessoas, ajudando-as a compreender.

Muitos ficaram aborrecidos quando perceberam o quanto haviam errado, mas Neemias e Esdras lhes disseram que não ficassem tristes, mas sim, que fossem para casa fazer um banquete e compartilhar seu alimento com os pobres. "Este é um dia sagrado; portanto, fiquem felizes. A alegria que Deus lhes dá os fortificará."

Por duas semanas, Esdras ensinou aos líderes mais coisas sobre as leis de Deus. e então, o povo se reuniu novamente para prometer, solenemente, obediência às leis de Deus. Por fim, eles compreenderam o quanto tinham decepcionado a Deus. Agora eles planejavam honrá-LO e cumprir sua parte na aliança.

O REI FURIOSO

Ester 1

Havia um novo rei na Pérsia. O tolo rei Assuero queria impressionar todos os príncipes e nobres de seu poderoso império. Então ele os convidou para uma festa fabulosa – que durou seis meses! Os convidados eram servidos com as mais requintadas comidas em pratos de ouro, e bebiam vinho da melhor qualidade. Ele próprio bebeu um pouco demais e decidiu mandar buscar sua bela esposa, a Rainha Vasti, para exibi-la!

A Rainha Vasti não queria ser exibida e se recusou a comparecer. O rei ficou furioso, e seus conselheiros sugeriram que ele deveria fazer dela um exemplo. "O Senhor deveria impedi-la de ser rainha", eles disseram. "Do contrário, todas as mulheres pensarão que é correto desobedecer a seus maridos!" O rei concordou e emitiu uma proclamação de que todo marido deveria ser o patrão de seu lar.

A BELA ESTER

Ester 2

O Rei Assuero precisava de uma nova rainha, e então os servos foram enviados para buscar todas as belas jovens da nação e trazê-las ao palácio.

Entre elas estava uma adorável jovem chamada Ester, e assim que o Rei Assuero a viu, ele declarou que ela seria sua esposa. Ester não contou ao rei que ela era judia.

Quando Ester se tornou rainha da Pérsia, o seu primo Mordecai recebeu uma posição administrativa na corte do rei, e um dia ele ouviu, acidentalmente, a conversa entre dois dos guardas - eles estavam tramando matar o rei!

Mordecai disse para Ester alertar Assuero. O rei ordenou uma investigação e os guardas desleais foram enforcados. O que aconteceu e o papel de Mordecai nisso foi escrito nos registros oficiais, mas o rei se esqueceu de recompensar o homem que havia salvado sua vida!

HAMÃ CARREGA UM RANCOR

Ester 3

O primeiro ministro do rei, Hamã, se achava muito importante. Ele adorava andar pelas ruas e ver o povo se curvar diante dele. Isso o fazia sentir-se poderoso. E, de fato, o incomodava que Mordecai nunca se curvasse diante dele. Quando Hamã descobriu que Mordecai era judeu, decidiu puni-lo e também a todos os demais judeus.

Hamã era astuto. "Poderoso rei", disse ele ao rei. "Há uma classe de pessoas em seu império que não obedece às suas leis.

Eu aconselharia o senhor a emitir um decreto para que eles sejam mortos." O rei concordou, e assim Hamã distribuiu um decreto, marcado com o timbre real, afirmando que no décimo terceiro dia do décimo segundo mês daquele ano, todos os judeus – jovens e idosos, mulheres e crianças – deveriam ser mortos no império inteiro!

A RAINHA CORAJOSA

Ester 4-5

Nunca antes o povo judeu havia enfrentado tamanho extermínio! Quando Mordecai soube do decreto, rasgou suas vestes e cobriu-se de panos de saco e de cinzas. E enviou uma mensagem à sua prima, implorando que Ester defendesse o caso deles diante do rei.

Ester ficou aterrorizada. Ir diante do rei sem uma convocação era passível de morte! Somente se o rei estendesse seu cetro a pessoa seria poupada. Mas Mordecai enviou uma outra mensagem, dizendo: "Você precisa ajudar os judeus ou Deus ficará zangado. Talvez Ele lhe tenha tornado rainha exatamente para que você possa salvar o Seu povo."

Ester estava assustada, mas tomou a decisão de ir ao rei. Quando a viu, ele sorriu e estendeu seu cetro dourado, dizendo:

"Diga-me o que quer e você o terá – mesmo se for metade do meu império!" Ester não se sentiu segura para fazer um pedido ao rei, naquelas circunstâncias. Em vez disso, ela convidou o rei e Hamã para um banquete em seus aposentos.

MORDECAI É HONRADO

Ester 5-6

Hamã ficou satisfeito, até passar em frente a Mordecai e ver que o judeu ainda se recusava a se curvar! Quando seus amigos viram o quanto ele estava furioso, sugeriram que construísse uma forca, depois pedisse ao rei, na manhã seguinte, para mandar enforcar Mordecai.

Naquela mesma noite, o rei não conseguiu dormir. Então ele mandou buscar os registros oficiais do reino – talvez isso ajudasse! Enquanto fazia a leitura, deparou com o relato de como Mordecai tinha salvado sua vida, e seus oficiais confessaram que ele nunca havia sido recompensado. Então, quando Hamã chegou cedo ao palácio, naquela manhã, o Rei Assuero lhe disse: "Há alguém que eu desejo honrar. O que devo fazer por ele?"

Supondo que o rei estivesse se referindo a ele próprio, Hamã respondeu: "Faça com que o homem seja vestido com um de seus trajes reais e conduzido pela cidade em um de seus cavalos, com um oficial proclamando: 'É assim que o rei trata àqueles a quem deseja honrar.'"

Ele ficou terrivelmente chocado quando o rei lhe disse para mandar buscar Mordecai. Percebeu, então, que seu odiado inimigo seria honrado exatamente da maneira que ele próprio havia sugerido!

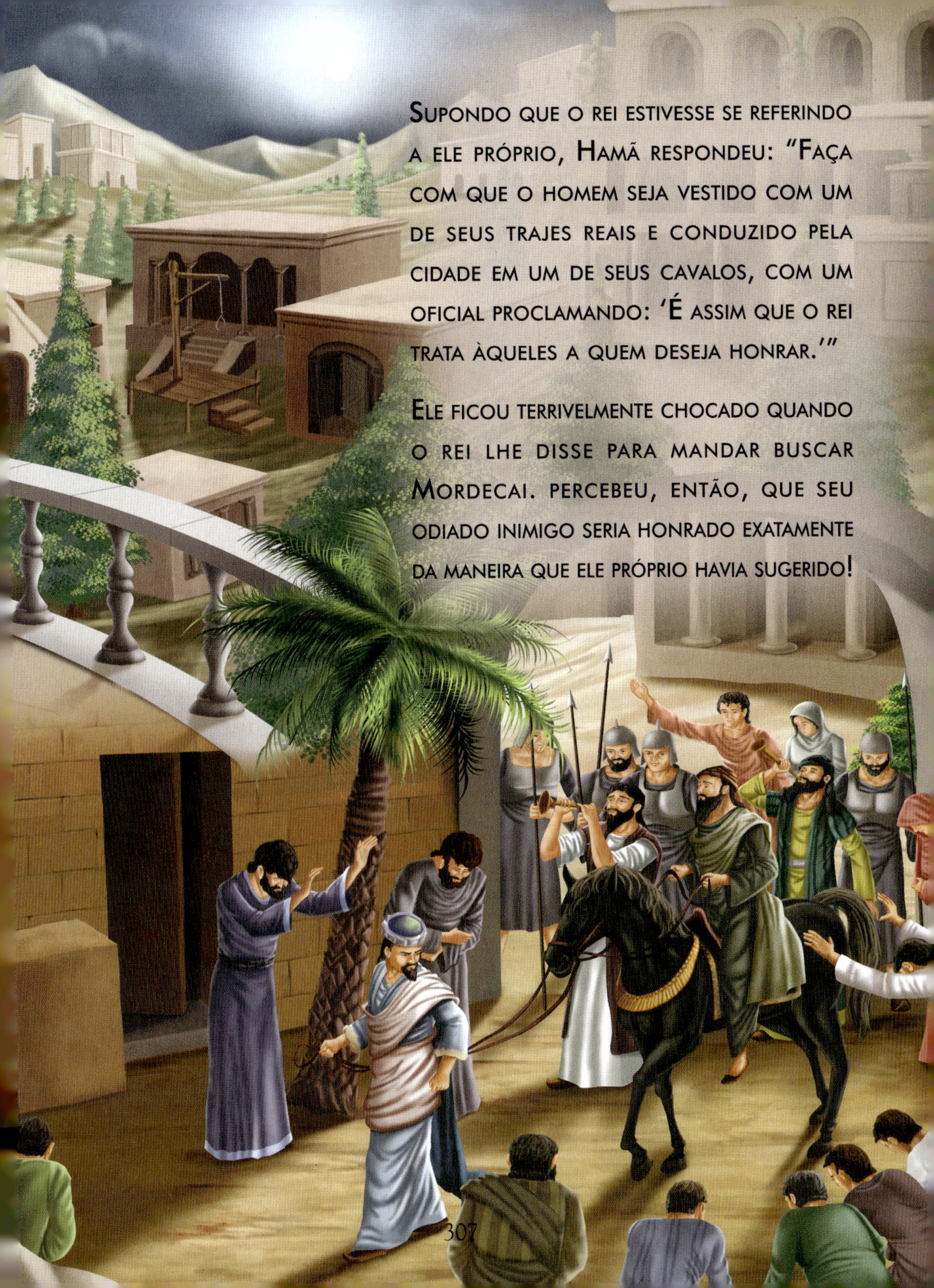

HAMÃ É PUNIDO

Ester 7

Hamã ainda estava agitado quando chegou para o banquete da rainha. Mas as coisas só iriam piorar! Durante o banquete, o rei novamente perguntou a Ester o que ela queria, e desta vez a rainha foi corajosa o bastante para pedir: "Ó, rei! Se obtive graça aos seus olhos, eu lhe imploro para salvar a minha vida e a daqueles do meu povo, pois fomos vendidos para matança!"

"Quem ousou fazer tal coisa?", bradou o rei, e Ester apontou para Hamã. O rei ficou tão furioso que saiu do aposento para se acalmar.

Hamã, com seu rosto tão pálido quanto uma folha de papel, se atirou aos pés de Ester e implorou a ela que o protegesse.

Quando o rei retornou e encontrou Hamã com suas mãos nos trajes da rainha, isso só o deixou mais furioso. Então o destino de Hamã foi selado, quando um dos guardas disse: "Poderoso rei, este homem construiu uma forca para Mordecai. Ele queria enforcar o homem que salvou sua vida!"

"Enforquem o próprio Hamã nela!", ordenou Assuero, e foi assim que Hamã foi enforcado na forca que ele havia construído para Mordecai!

ARMEM-SE!

Ester 8-9

Hamã estava morto, mas o perigo não tinha acabado. Um decreto selado com o selo real não podia ser mudado. Os judeus ainda estavam sentenciados à morte. Mais uma vez, a corajosa Ester implorou ao rei por ajuda.

O rei pensou cuidadosamente, e então fez Mordecai emitir um outro decreto para todas as províncias. Desta vez, ele declarava que todos os judeus poderiam se armar, e, se fossem atacados, poderiam revidar e destruir os agressores e tomar todas as posses deles.

Então aconteceu que, quando os seguidores de Hamã tentaram massacrar o povo judeu, este revidou e os destruiu. Os dez filhos de Hamã foram enforcados, e em toda a nação, em cada província, os inimigos dos judeus foram destruídos. O povo judeu foi salvo! E desde então, os judeus têm celebrado o festival sagrado de Purim a cada ano, em gratidão a Deus pelo livramento deles, graças a Ester e Mordecai.

JONAS DESOBEDECE A DEUS

Jonas 1

Jonas era um profeta. Um dia, Deus disse a ele para ir a Nínive, a muitos quilômetros de distância, e dizer ao povo de lá que, se seus habitantes não se arrependessem de seus costumes perversos, Deus iria destruir sua bela cidade.

Contudo, os habitantes de Nínive eram inimigos dos judeus, e Jonas não queria ir lá alertá-los para que, assim, Deus os pudesse poupar. Ele achava que eles mereciam ser punidos! Então, em vez de ir como Deus lhe havia dito, Jonas embarcou em um navio rumo a uma direção contrária à de Nínive!!! Ele estava tentando fugir de Deus, mas, é claro, Deus está em todos os lugares!

A TERRÍVEL TEMPESTADE

Jonas 1-2

Uma terrível tempestade se formou do nada. Os ventos uivavam e as ondas elevavam-se sobre o navio. Os marinheiros, amedrontados, jogavam suas mercadorias ao mar para deixar o navio mais leve, e rezavam para seus deuses. O capitão pegou Jonas dormindo em sua cabine. Ele o acordou rudemente, dizendo: "Como você pode dormir quando estamos num perigo desses? Ore para o seu Deus nos salvar!"

Os marinheiros tiraram a sorte no palitinho, para ver quem deles havia enfurecido os deuses. Quando Jonas pegou o palito mais curto, eles lhe perguntaram o que ele tinha feito, e Jonas lhes contou que estava fugindo de seu Deus e que por isso estava sendo punido. Assim que contou isso, ele percebeu o quanto havia sido tolo e malvado. Ele lhes disse que deveriam jogá-lo ao mar, pois Deus só estava zangado com ele.

O mar ficou cada vez mais agitado e, por fim, os marinheiros lançaram Jonas na água, com os corações pesarosos. Instantaneamente o mar se acalmou! Os marinheiros ficaram cheios de admiração e começaram a orar a Deus de todo o seu coração, para agradecer por lhes poupar a vida, e prometeram adorar somente a Ele daquele dia em diante.

O GRANDE PEIXE

Jonas 2

Mas, o que aconteceu a Jonas? O profeta submergiu rapidamente até o fundo do mar, certo de que iria morrer. Mas antes que pudesse dar seu último suspiro, Deus enviou um enorme peixe. O peixe abriu sua boca e engoliu Jonas inteiro, e ali, dentro do peixe, Jonas pôde por uma vez mais respirar e ficar a salvo.

Por três dias e três noites Jonas ficou dentro da barriga do peixe. Ele teve muito tempo para refletir sobre seus erros e se arrepender por ter desobedecido a Deus. Ele orou a Deus, agradecendo por tê-lo salvo do mar e possibilitando que Deus soubesse o quanto ele estava arrependido.

Após três dias, Deus ordenou ao peixe para vomitar Jonas ileso, em terra seca. E, quando Deus mais uma vez pediu-lhe para levar Sua mensagem até Nínive, Jonas estava pronto para fazer Sua vontade.

A MISERICÓRDIA DE DEUS

Jonas 3-4

Quando os habitantes de Nínive ouviram a mensagem de Jonas, ficaram intimidados e assustados. O rei emitiu uma proclamação real de que todos deveriam jejuar e usar roupas de saco, e as pessoas oraram para Deus e fizeram votos de abandonar seus costumes maus. Quando Deus viu o quanto estavam arrependidos, ficou cheio de compaixão e os perdoou. A cidade foi poupada! Mas isso deixou Jonas zangado, pois ele achava que os habitantes de Nínive não mereciam ser salvos. E, assim, partiu mal-humorado para o deserto!

O deserto era muito quente, e Deus fez uma planta grande e frondosa crescer para proteger Jonas do sol escaldante. Mas no dia seguinte Deus disse a um verme para devorar a planta, e logo ela murchou e morreu. Jonas ficou irado, mas Deus lhe perguntou que direito teria ele de estar zangado.

"Todo o direito!", respondeu Jonas, indignadamente. "Eu posso até morrer também, agora que aquela planta se foi!"

ENTÃO DEUS RESPONDEU: "JONAS, VOCÊ ESTÁ TRISTE POR PERDER AQUELA PLANTA, MESMO NÃO A TENDO PLANTADO OU CUIDADO DELA, QUE NUMA NOITE NASCEU E NO DIA SEGUINTE MORREU?

NÍNIVE TEM MAIS DE CENTO E VINTE MIL HABITANTES VIVENDO LÁ – HOMENS, MULHERES E CRIANÇAS QUE EU CRIEI E CUIDEI POR ANOS. NÃO TENHO O DIREITO DE ESTAR PREOCUPADO E DE TER PENA DELES?"

UM HOMEM BOM

Jó 1

Jó vivia nos dias de Abraão. Ele era rico, mas não era arrogante ou egoísta. Ele adorava a Deus e obedecia a todas as Suas leis; e Deus se agradava dele. Certo dia, Satanás disse: "É fácil para Jó ser bom quando as coisas estão indo tão bem. Eu aposto que se a vida ficasse difícil, ele mudaria seu modo de ser!" E Deus concordou que Satanás testasse a fé do obediente Jó.

Certo dia, pouco tempo depois disso, quando os filhos de Jó estavam todos se banqueteando na casa de seu filho mais velho, um mensageiro veio correndo, em um estado lastimável, e contou a Jó que todo o seu rebanho havia sido roubado. Mal ele tinha acabado de falar, quando um outro servo veio para lhe dizer que uma bola de fogo havia caído do céu e queimado todas as ovelhas. Mas o pior ainda estava por vir, pois agora um outro servo veio para contar a Jó que todos os seus filhos haviam sido mortos quando um vento poderoso do deserto tinha atingido a casa deles, e ela desmoronara, matando todos os que estavam dentro.

Jó arrancou os cabelos e rasgou suas roupas, e caiu no chão de tristeza. Mas ele disse: "Tudo o que tenho me foi dado por Deus. O que Ele deu, Ele pode tomar. Eu ainda louvo o Seu nome."

Jó havia passado pelo primeiro teste.

O SEGUNDO TESTE

Jó 2- 31

Satanás voltou a falar com Deus. "Nisso tudo ele se saiu muito bem", disse Satanás, "mas seria uma história diferente se o próprio Jó tivesse que sofrer." Deus concordou que o testasse novamente, e logo no dia seguinte Jó acordou recoberto de furúnculos, da cabeça ao dedão do pé. Eles doíam e coçavam tanto, que tudo que ele podia fazer era sentar-se em um canto, e usar um pedaço de cerâmica quebrada para arranhar sua pele.

Quando sua esposa perguntou por que ele não amaldiçoava a Deus, Jó respondeu: "Se aceitamos todas as coisas boas que Deus nos manda, então devemos aceitar as coisas ruins também."

Os amigos de Jó vieram visitá-lo. "Você deve ter feito alguma coisa muito errada para Deus o punir assim!", disseram eles. "Diga a Deus que você está arrependido e peça-lhe perdão!"

Eles estavam tentando ajudar, mas apenas pioravam as coisas. Jó sabia que não tinha feito nada de errado, mas as palavras deles o perturbavam. Por fim ele desabafou, cheio de frustração: "Maldito o dia em que eu nasci! Teria sido melhor se eu tivesse morrido do que ter que sofrer assim! Ó, Deus, o que eu fiz para deixá-LO assim tão zangado comigo? Como o Senhor pôde fazer isso comigo?"

DEUS FALA COM JÓ

Jó 32-42

Um dos amigos de Jó disse: "Eu fiquei quieto até agora porque sou mais jovem, e achei que vocês todos seriam mais sábios do que eu. Mas sabedoria certamente vem de Deus – não de idade avançada! Jó, você não tem direito de criticar a Deus. Pense em quanto Ele é grande e poderoso. Você mal consegue começar a compreender Seus desígnios. Deus é sempre justo e misericordioso. Pense em todas as coisas maravilhosas que Ele fez!"

Naquele momento, uma tempestade terrível começou a acontecer. Relâmpagos encheram o céu e trovões preencheram seus ouvidos. Então a voz de Deus surgiu da tempestade: "Jó, quem é você para me questionar? Você estava lá quando eu criei o mundo? Você pode ordenar ao dia que amanheça ou à chuva que caia sobre a terra? Como você ousa questionar a Minha sabedoria?"

Então Jó se envergonhou. "Ó, Senhor", disse ele. "Sou tolo e ignorante. Por favor, me perdoe!"

Deus ficou satisfeito com Jó.

Ele o curou e abençoou a última parte de sua vida ainda mais do que a primeira. Jó teve muito mais filhos e viveu alegremente por muitos anos mais.

UM MENSAGEIRO ESTÁ CHEGANDO

Malaquias 1-4

Anos haviam se passado desde que os judeus tinham retornado a Jerusalém. A princípio, eles estavam cheios de boas intenções, mas as coisas começaram a desandar. Eles não percebiam quantas bênçãos tinham recebido. Em vez de ser gratos, queriam que as coisas fossem mais fáceis, e achavam que Deus havia se esquecido deles. Deus enviou Malaquias para falar com eles:

"Vocês reclamam que Deus não os está abençoando. Só que vocês pararam de amá-LO de todo o seu coração. Amem-no e honrem-no e então vocês receberão Sua bênção completa.

Um dia, Ele enviará um mensageiro para preparar o caminho para Ele. Ele será como um sabão para lavar as impurezas, um fogo ardente que queima qualquer coisa impura, deixando para trás apenas aqueles que adorarão a Deus adequadamente. Pois, um dia, o julgamento de Deus virá sobre aqueles que agem erradamente. Mas aqueles de vocês que obedecem a Ele sentirão o Seu poder brilhar em vocês como os raios ardentes do sol! Apenas lembrem-se de obedecer às Suas leis!

E Deus também prometeu que, antes do Dia do Senhor, Elias retornará à terra para reunir pais e filhos, a fim de que o povo possa seguir os desígnios de Deus."

Agora o povo de Israel sabia que um dia um mensageiro viria para preparar o caminho para o Senhor!

Uma árvore junto ao córrego

Salmos 1

Os Salmos são uma coleção de orações, canções e poesia.
Muitos foram escritos pelo Rei Davi. Eles são cheios de emoções diferentes, como o desespero, a tristeza, a alegria e o amor, e eles louvam a Deus por Sua misericórdia e bênçãos.

Como é feliz e abençoada a pessoa que não
anda por aí com pessoas perversas,
ou faz o que elas fazem,
ou escuta o que elas dizem,
mas antes ama a lei de Deus
e reflete sobre Suas palavras todo dia e toda noite.

Essa pessoa é como uma árvore plantada junto a um córrego de água,
que dá o seu fruto na estação certa
e cujas folhas não murcham.
Essa pessoa será bem-sucedida em tudo que ela fizer.

Mas não as pessoas perversas!
Elas são como a palha que o vento leva embora.
As pessoas perversas serão julgadas por Deus,
e não lhes será permitido ficar com o próprio povo de Deus.
Deus observa aqueles que tentam ser bons e obedecem às Suas leis,
mas as pessoas más vão rumo à destruição!

O SEU NOME É MARAVILHOSO!

Salmos 8

Ó, Senhor, quão maravilhoso é o seu nome!
A sua glória brilha do céu,
e é vista por toda parte na terra.
O louvor das criancinhas
silencia os seus inimigos e O torna forte.
Quando penso sobre como você criou os céus,
como você pôs a lua e as estrelas no céu,
me indago como você pode se importar com os seres humanos –
somos tão pequenos!
Mesmo assim, você nos criou somente
um pouco menores do que os anjos;
Você nos fez governar sobre tudo o que criou:
as aves e as feras, os peixes no mar.
Nós temos domínio sobre todos eles.
Ó, Senhor, quão maravilhoso é o seu nome!

DEUS É A MINHA FORTALEZA

Salmos 18 e 91

Como eu amo você, Senhor!
Você é a minha fortaleza e meu refúgio;
com você eu posso sempre estar seguro;
Você é como um escudo para mim.
O perigo da morte me cercava totalmente,
eu estava dominado.
Quando gritei por você, você me ouviu,
E se estendeu dos céus,
e me tirou das águas profundas.
Ó, Senhor, com a sua ajuda eu posso fazer qualquer coisa.
Você me faz forte e me mantém a salvo.
Você me sustenta,
para que eu possa ficar firme e seguro.
Senhor, eu cantarei seus louvores pela terra,
e louvarei o seu nome aonde quer que eu vá!

Rei Davi cantou o Salmo 18 quando Deus o salvou de seus inimigos.

Se o Senhor for a sua fortaleza,
nenhum mal lhe sobrevirá,
nenhum desastre acontecerá com você.
Pois o Senhor diz:
Eu salvarei aqueles que me amam.
Quando eles me invocarem,
Eu lhes responderei;
quando eles estiverem em apuros,
Eu estarei com eles.

Salmos 91

NÃO SE DISTANCIE DE MIM

Salmos 22

Este é outro salmo do Rei Davi, que muitos cristãos leem ou cantam na sexta-feira santa, porque eles acreditam que não se trata apenas do sofrimento do Rei Davi, mas que também é sobre o sofrimento de Jesus.

Meu Deus, por que você me desamparou?
Eu clamo de dias, mas você não me responde;
também de noite, e não encontro descanso.
Porém, você salvou os nossos ancestrais.
Quando clamaram por você, eles foram salvos.
Eles confiaram em você, e você não os decepcionou.
Mas eu não sou nada exceto um verme,
Todo mundo zomba de mim, dizendo:
"Se ele confia no Senhor, então deixe o Senhor salvá-lo!"
Todavia, foi você que me trouxe a este mundo.
Não se distancie de mim,
por estou cercado de aflições
e não há ninguém para me ajudar.
Meus inimigos me rodeiam feito feras selvagens,
aguardando para me agarrar, prontos para me destruir.
Como uma matilha de cães, eles se fecham sobre mim,
dilacerando minhas mãos e meus pés.

Portanto, não se distancie, meu Senhor, venha rapidamente me ajudar.
Livre-me dessas feras selvagens!
Eu contarei a todos o que você tem feito; eu louvarei o seu nome.
Pois você não negligencia os aflitos ou ignora o sofrimento deles;
mas responde quando eles clamam por ajuda.
Todos se curvarão diante do Senhor,
e se contará às futuras gerações
que o Senhor salvou o Seu povo.

O SENHOR É MEU PASTOR

SALMOS 23

O Senhor é o meu pastor.
Ele garantirá que eu tenha tudo que necessito.
Ele me deixa descansar em pastos verdejantes,
e me guia mansamente junto às águas tranquilas para beber.
Ele refrigera a minha alma.
Ele me mostra o caminho certo a seguir,
para que eu possa trazer honra ao seu nome.
Mesmo que eu ande pelo mais sombrio dos vales,
Não temerei coisa alguma, pois você está comigo;
a sua vara e o seu cajado de pastor me deixam seguro.
Você prepara um banquete para mim diante dos meus inimigos.
Você unge a minha cabeça com óleo;
sinto-me tão honrado que fico extasiado.
Certamente, a sua bondade e amor estarão comigo
todos os dias da minha vida,
e eu habitarei na casa do Senhor para sempre.

O SEU DIA CHEGARÁ

Salmos 37

Não perca tempo preocupando-se com as pessoas que fazem coisas más,
porque elas não vão durar muito.
Confie em Deus e faça o bem,
ame-O e você terá tudo de que precisa.
Siga Seus caminhos, e a sua recompensa brilhará como o sol mais brilhante.
Fique calmo e seja paciente, e o seu dia chegará.
Deus cuida daqueles que O amam.
Mesmo que eles possam tropeçar, Ele os sustenta para que não caiam.
Ele os mantém com Sua mão.
Deus nunca os decepciona.
Deus sempre garantirá que aqueles que O amam tenham o suficiente.
As pessoas más se agarram firmemente ao que possuem e tudo isso é levado embora.
Mas as pessoas boas querem compartilhar as coisas que possuem,
e elas serão abençoadas.
Um dia, aqueles que fazem coisas más serão punidos.
Então os discípulos de Deus herdarão a terra.
Deus sempre cuidará de Seu povo.
Ele zelará por eles quando os tempos forem maus.
Ele os resgatará das pessoas perversas,
porque eles se voltam a Ele para obter auxílio.

ÁGUA NO DESERTO

Salmos 63

Ó, Deus, você é o meu Deus forte;

Eu o busco de todo o meu coração.

Eu preciso de você, assim como um deserto árido e ressecado precisa de água.

Eu tenho visto o quanto você é maravilhoso e glorioso.

O seu amor é melhor do que a própria vida e O louvarei.

O Rei Davi escreveu este salmo quando estava no Deserto de Judá.

Eu O louvarei enquanto eu viver e orarei a você.
O seu amor me satisfará como a comida mais saborosa.
Quando eu deitar em minha cama, me lembrarei de você,
e agradecerei a você a noite inteira.
Você sempre está aqui para me ajudar,
as suas asas me protegem,
e quando eu me apego ao Senhor,
a sua mão me mantém seguro.

UMA LÂMPADA PARA OS MEUS PÉS

SALMOS 119

QUÃO ABENÇOADOS SÃO AQUELES QUE SÃO BONS,
QUE SEGUEM OS CAMINHOS DO SENHOR
E O BUSCAM DE TODO O SEU CORAÇÃO.
MAS COMO AS PESSOAS JOVENS PODEM MANTER SUAS VIDAS PURAS?
OBEDECENDO AOS SEUS MANDAMENTOS.
EU BUSCO O SENHOR DE TODO O MEU CORAÇÃO
E AMO AS SUAS LEIS.
POR FAVOR, ME DÊ COMPREENSÃO
E ME MANTENHA FORTE
PARA QUE EU POSSA SEGUIR AS SUAS LEIS.
AS PALAVRAS DO SENHOR SÃO DOCES EM MINHA BOCA;
ELAS SÃO UMA LÂMPADA PARA OS MEUS PÉS,
UMA LUZ NO CAMINHO QUE PERCORRO.
VOCÊ É O MEU REFÚGIO E MEU ESCUDO,
DEPOSITO TODA A MINHA ESPERANÇA E CONFIO EM VOCÊ.
FIRME-ME COM A SUA MÃO,
E ME AJUDE A HONRÁ-LO.
SOU COMO UM PASTOR QUE ESTAVA PERDIDO:
POR FAVOR, VENHA E CUIDE DE MIM,
POIS EU ME LEMBRO DE TODOS OS SEUS MANDAMENTOS.

ELE NUNCA DORMIRÁ

Salmos 121

Levantarei os meus olhos para os montes –
de onde virá o meu socorro?
O meu socorro vem do Senhor,
o criador do céu e da terra.
Ele não me deixará tropeçar ou cair,
Ele nunca dormirá enquanto estiver cuidando de mim.
O guarda de toda a Israel nunca dormirá.
O Senhor é quem o guarda.
Ele está logo à sua direita, o Senhor é a sua sombra;
o sol não o prejudicará de dia nem a lua de noite.
O Senhor vai protegê-lo de todo o mal;
Ele vai cuidar de você durante toda a sua vida.
Ele vai cuidar de você na sua vida diária
desde agora e sempre.

JUNTO AOS RIOS DA BABILÔNIA

Salmos 137

Junto aos rios da Babilônia nos sentamos
e choramos lembrando-nos de Sião.
Lá, sobre os salgueiros
penduramos as nossas harpas,
porque lá os que nos capturaram queriam
que nós os entretivéssemos.
Os nossos atormentadores nos ordenaram
que cantássemos canções de alegria!
Eles disseram: "Cantem-nos uma das canções de Sião!"
Como podemos cantar as canções do Senhor
em um país estrangeiro?
Se eu me esquecer de você, Jerusalém,
que minha mão direita se esqueça da sua destreza,
e ao céu da boca se prenda a minha língua,
se não me lembrar de você –
se não pensar em Jerusalém
acima de tudo o mais.

*Este salmo expressa o anseio e a tristeza
do povo judeu no exílio.*

LOUVAI-O COM MÚSICAS

Salmos 150

Louvai ao Senhor.
Louvai a Deus no seu santuário,
louvai-o no firmamento do seu poder.
Louvai-o pelos seus atos poderosos;
louvai-o pela excelência da sua grandeza.
Louvai-o ao som das trombetas,
louvai-o com harpas e liras,
louvai-o com tambores e danças,
louvai-o com instrumentos de cordas e com flautas,
louvai-o com o som dos címbalos.
Tudo quanto respira louve ao Senhor!

DITADOS SÁBIOS

do Livro de Provérbios

A Bíblia é um lugar maravilhoso para procuramos palavras de sabedoria. O Livro de Provérbios está repleto de ditados sábios, muitos dos quais foram redigidos pelo Rei Salomão, enquanto outros foram passados adiante através das gerações, ou escritos por outros homens sábios.

Deus

Confie em Deus de todo o seu coração:
nunca confie naquilo que você acha que sabe.
Nós podemos fazer nossos planos, mas Deus tem a última palavra.
Deus vê tudo que fazemos, quer seja bom ou mau:
Ele pode ver o que está dentro de nossos corações.

Sabedoria

Respeito a Deus: toda sabedoria vem dEle.

Pessoas sensatas pensam antes de agir.

Passar o tempo com pessoas sábias torna você sábio,

mas passar o tempo com pessoas estúpidas pode lhe trazer a ruína.

A sabedoria e o conhecimento valem mais do que joias preciosas.

O entusiasmo sem o conhecimento não é bom.

Ser sábio é melhor do que ser forte.

Caçoe da sabedoria e você nunca a encontrará!

Riqueza e Dinheiro

Quanto mais facilmente você ganhar dinheiro, mais cedo você o perderá.

Melhor é comer uma casca seca de pão com paz de espírito, do que um banquete em uma casa cheia de problemas.

Se você tiver que escolher entre a reputação e a riqueza, escolha a reputação.

Ricos e pobres, todos foram criados por Deus.

Algumas pessoas gastam seu dinheiro livremente e ainda ficam mais ricas: outras são cautelosas, e mesmo assim ficam mais pobres.

Não gaste todo o seu tempo tentando enriquecer: o dinheiro pode desaparecer da noite para o dia, como se tivesse criado asas e voado.

É muito melhor ser sábio e sensato do que ser rico.

Pegue dinheiro emprestado e você se torna escravo de quem o emprestou.

Preguiça

Ser preguiçoso vai torná-lo pobre;
trabalho árduo vai torná-lo rico.
Um fazendeiro preguiçoso demais para arar,
no tempo certo não terá nada para colher.
Aprenda com as formigas: ninguém diz a elas
o que fazer, mas elas armazenam alimento
durante o verão, preparando-se para
o inverno.

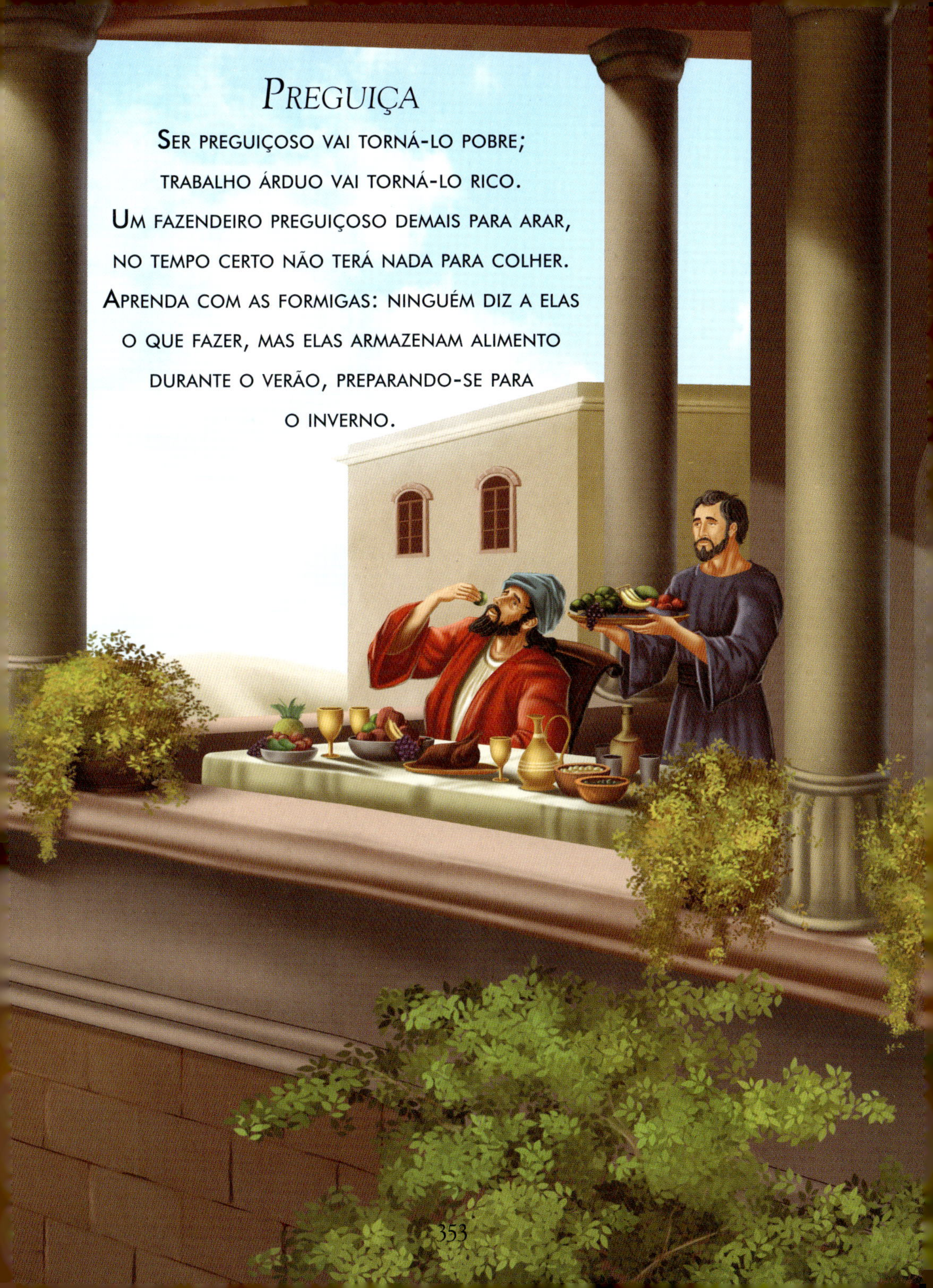

Palavras Impensadas

Você tem que viver com as consequências de tudo que você diz.

Palavras impensadas podem ferir tão profundamente quanto qualquer espada; palavras proferidas sabiamente podem curar.

Até os tolos podem parecer espertos, se mantiverem suas bocas fechadas.

As pessoas sensatas pensam antes de responder.

Quanto mais você falar, mais você vai tender a se meter em confusão.

Fofoca

Sem lenha, um fogo se apaga; sem fofoca, a discussão cessa.

Não se pode confiar um segredo a ninguém que fofoca.

Não acredite em tudo que você ouve.

Discussões

Qualquer tolo pode iniciar uma discussão: esperto é quem a evita.

Se você for injustiçado, não tente se vingar:
confie, que Deus vai endireitar as coisas.

O início de uma discussão é como a primeira rachadura em uma represa;
bloqueie-a antes que vá adiante.

Envolver-se em uma discussão que não é de sua conta,
é como agarrar um cão feroz pelas orelhas.

As maldições não podem ferir você, a menos que as mereça.

É melhor conquistar o controle sobre si mesmo do que sobre cidades inteiras.

Se você quer que as pessoas gostem de você, esteja pronto para perdoar.

Família

Respeite os seus pais e lhes demonstre estima:
deixe-os orgulhosos de você e você os fará felizes.
Quando os pais corrigem seus filhos, isso demonstra
que eles os amam.
Crianças sensatas escutam quando seus pais as corrigem:
crianças teimosas vão ignorá-los.
Uma esposa prestativa é o maior tesouro de seu marido.
Melhor é viver no telhado do que dividir uma casa
com uma esposa que reclama.

Correção e Conselho

Escute quando Deus o corrige:
Ele corrige aqueles que Ele ama.
Pessoas sensatas aceitam o bom conselho e querem ser avisadas
quando estão erradas: é tolice odiar ser disciplinado.
Uma pessoa inteligente aprende mais de uma repreensão do que
um tolo aprende ao ser espancado cem vezes.
Um conselho ruim é uma armadilha mortal,
mas um conselho bom é um escudo.

Ciúme

A raiva é cruel e destrutiva, mas o ciúme é muito pior.
A paz de espírito torna o corpo saudável;
o ciúme é como um câncer.

Honestidade

Se você obtém algo trapaceando, isto pode ter sabor delicioso a princípio,
mas cedo ou tarde terá sabor de uma bocada de areia.
Uma acusação falsa é tão mortal quanto uma espada.
Deus odeia pessoas que usam balanças desonestas
para tentar enganar os outros.
As riquezas não lhe serão nada proveitosas no dia em que
você enfrentar a morte,
mas a honestidade pode salvar a sua vida.
Melhor é ser pobre e honesto do que rico e desonesto.
Uma mentira é logo descoberta, mas a verdade vive para sempre.
Uma resposta honesta é um sinal de amizade verdadeira.

Elogio e Bajulação

A conversa insincera que esconde o que você
está realmente pensando é como uma fina camada
de tinta sobre um pote de barro barato.
Deixe que outras pessoas o elogiem:
nunca o faça você mesmo!
Mel demais é ruim para você, assim como
tentar ganhar elogios demais.

Amor

Uma refeição simples com pessoas que você ama é melhor do que um banquete onde há ódio.

O amor está sempre pronto a fechar o olho para os erros que as pessoas cometem.

Compaixão

Quando você dá ao pobre é como emprestar a Deus, e Deus lhe pagará de volta.

Se você não escutar o pranto dos pobres, o seu próprio pranto por ajuda não será ouvido.

Sempre que for possível, faça o bem àqueles que necessitam, mesmo que eles sejam seus inimigos.

Você faz um favor a si mesmo quando é bondoso: se você é cruel, você machuca a si mesmo.

Não fique contente quando os seus inimigos estiverem em dificuldades: Deus saberá que você está se regozijando, e não gostará disso; e talvez Ele não vá puni-los.

Amigos

Amigos querem o bem, mesmo quando eles magoam você; mas quando um inimigo coloca seu braço ao redor do seu ombro – cuidado!

Alguns amigos são mais leais do que irmãos.

Não se misture com pessoas que vão lhe transmitir costumes ruins.

Tolice

Um tolo não se importa se ele compreende uma coisa ou não:
tudo que ele quer fazer é mostrar o quanto ele é esperto.
Se você responder a uma pergunta tola, isso o torna tolo também.
Um tolo demonstra que está incomodado;
uma pessoa esperta vai ignorar um insulto.
Beber demais faz de você barulhento e tolo.

Felicidade e Tristeza

Ser alegre mantém você saudável.

A sua alegria e a sua tristeza são somente suas:

ninguém mais sabe, de fato,

o quanto você está triste ou feliz.

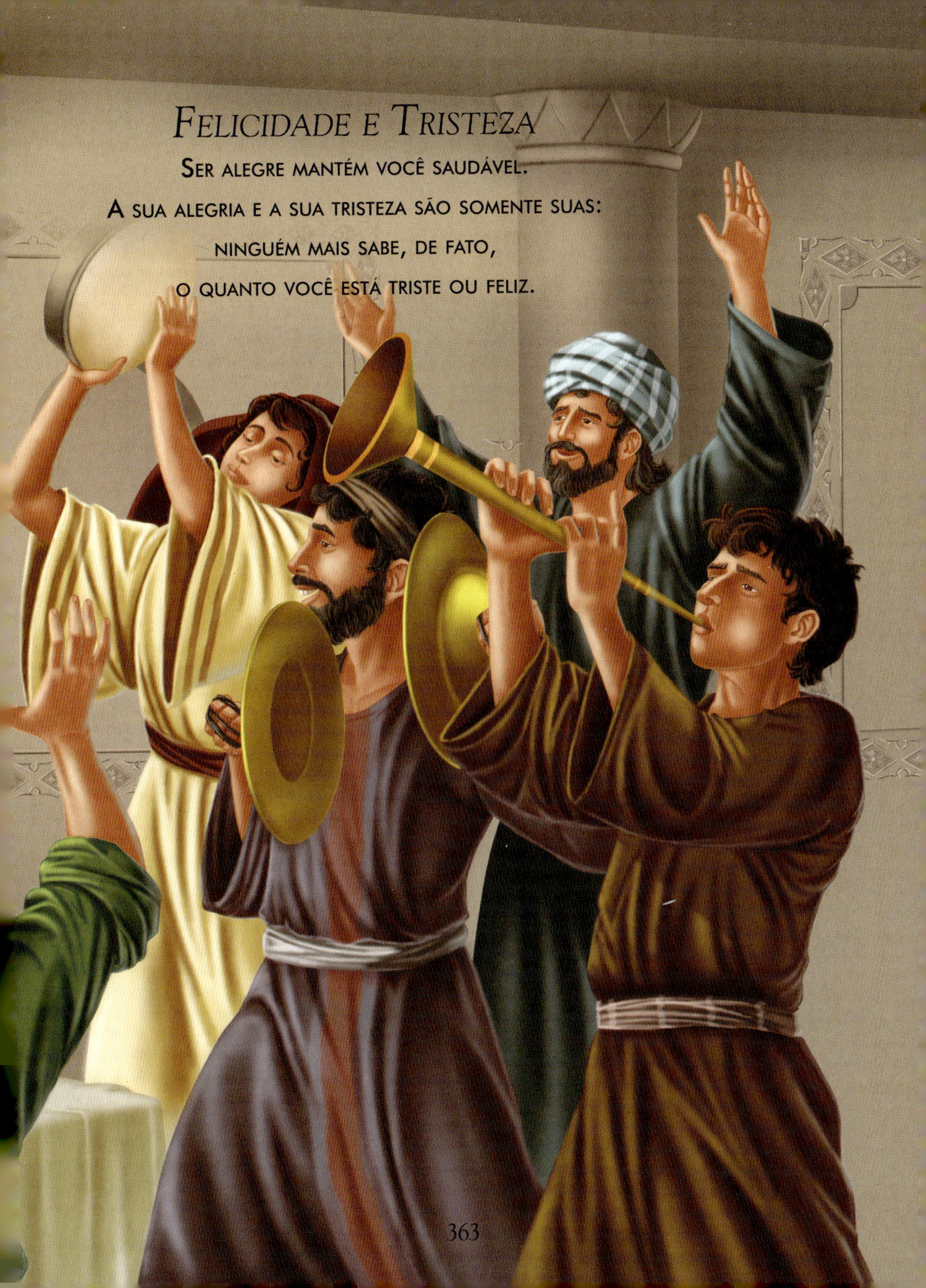

Mais Ditados Sábios

A estrada em que as pessoas boas viajam é como o nascer do sol - vai ficando cada vez mais brilhante.

Mas a estrada dos maldosos é escura como a noite.

Às vezes, somente uma experiência dolorosa nos faz mudar nossos hábitos.

O orgulho leva à destruição, e a arrogância, à ruína.

Depender de uma pessoa que não é de confiança em uma crise é como tentar mastigar com um dente solto ou caminhar com um pé aleijado.

Se alguém poderoso o convidar para comer, não aceite demais do que ele lhe oferecer – ele pode estar tentando enganar você.

Os pobres têm uma vida difícil, mas a felicidade se encontra em estar satisfeito.

UM TEMPO PARA TUDO

Eclesiastes 3

O escritor do Livro de Eclesiastes acreditava que tudo que acontece, acontece no tempo que Deus determina, que devemos passar nossas vidas fazendo o melhor que podemos e tentando ser felizes, e que devemos aproveitar as coisas que obtemos do trabalho, porque a vida é um presente de Deus para nós. Isto foi o que ele escreveu:

Há um tempo e uma estação para tudo:
Um tempo de nascer, e um tempo de morrer;
Um tempo de plantar, e um tempo de arrancar o que se plantou;
Um tempo de matar, e um tempo de curar;
Um tempo de derrubar, e um tempo de construir;
Um tempo de chorar, e um tempo de rir;
Um tempo de prantear, e um tempo de dançar;

Um tempo de espalhar pedras, e um tempo de ajuntar pedras;
Um tempo de abraçar, e um tempo de afastar-se de abraçar;
Um tempo de buscar, e um tempo de perder;
Um tempo de guardar, e um tempo de jogar fora;
Um tempo de rasgar, e um tempo de coser;
Um tempo de ficar em silêncio, e um tempo de falar;
Um tempo de amar, e um tempo de odiar;
Um tempo de guerra, e um tempo de paz.

O NOVO TESTAMENTO

A TERRA SANTA NA ÉPOCA DE JESUS

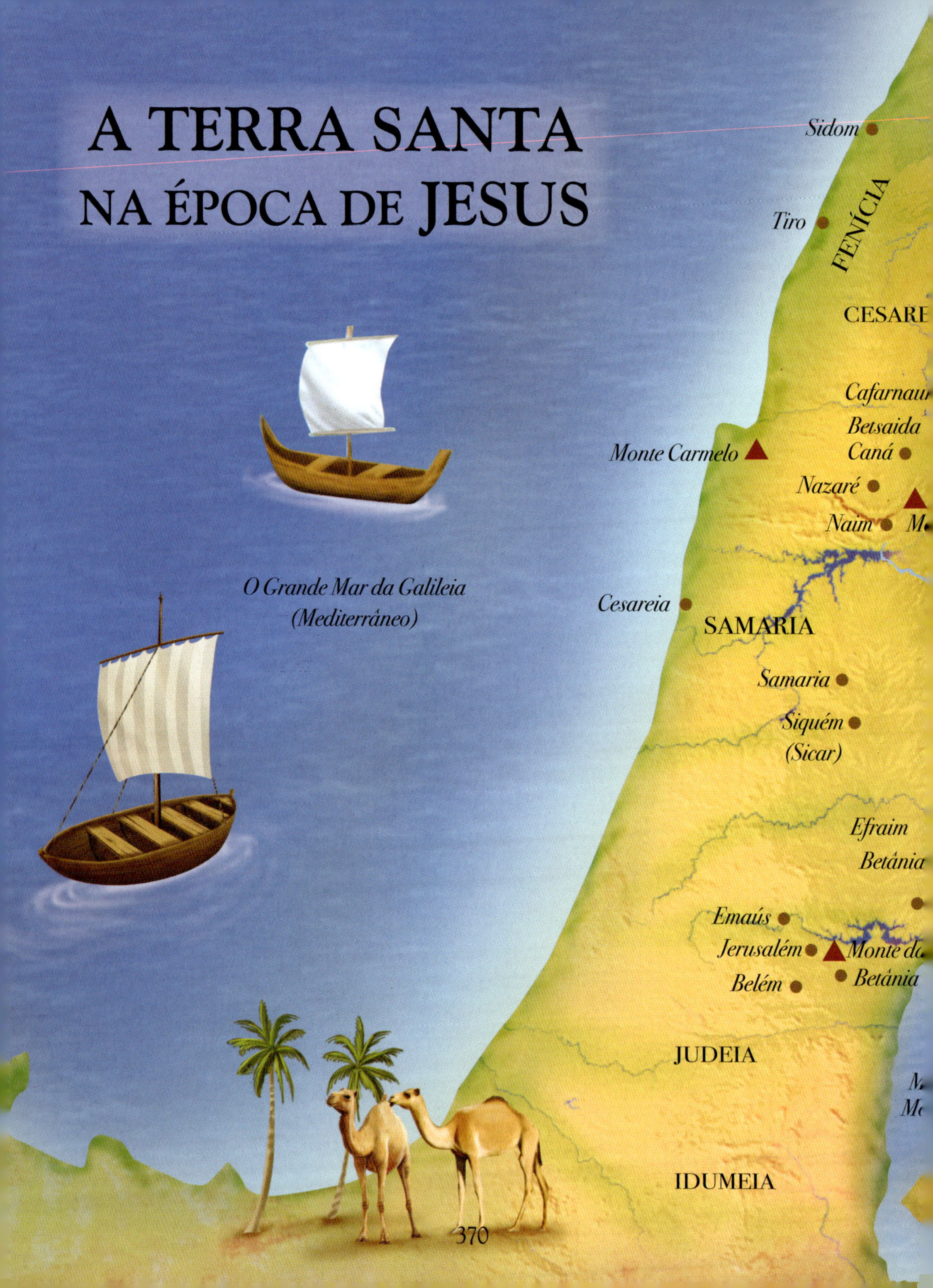

ABILENE
Damasco
SÍRIA
Cesareia de Filipe
TETRARQUIA
DE FILIPE
Betsaida Julias
DECÁPOLIS
NABATEIA

A VISITA DE UM ANJO

Lucas 1

Quatrocentos anos haviam se passado desde que Malaquias tinha alertado o povo de Israel. Agora o malvado Rei Herodes ocupava o trono da Judeia, mas até mesmo ele tinha que prestar contas a Augusto César, o imperador do poderoso império Romano.

Zacarias estava queimando incenso dentro do templo sagrado, em Jerusalém, quando um anjo apareceu diante dele! Zacarias ficou aterrorizado, mas o anjo disse, gentilmente: "Não tenha medo.

Deus ouviu as suas preces. A sua esposa, Isabel, dará à luz um filho e você irá chamá-lo de João. Ele será um grande homem, e irá preparar o caminho para aquele que vier depois dele."

Zacarias ficou perplexo, pois ele e sua esposa havia muito queriam ter um filho, mas eram muito idosos. "Como posso ter certeza disso?", ele perguntou. "Minha esposa e eu somos velhos.

Como poderá isso acontecer?"

Por causa dessa dúvida, o anjo lhe disse que ele não seria capaz de falar até que aquilo que Deus prometera tivesse se cumprido. Quando Zacarias conseguiu passar por escrito as boas notícias para sua esposa, ela se encheu de alegria.

MARIA É ESCOLHIDA POR DEUS

Lucas 1

Quase na mesma época, o anjo Gabriel visitou a casa de Maria no vilarejo de Nazaré, na Galileia. A bondosa Maria era prima de Isabel. Ela estava noiva de José, um carpinteiro que pertencia à descendência do Rei Davi.

"Não tenha medo, Maria", disse ele para a garota surpresa. "Deus a escolheu para uma honra muito especial. Você dará à luz um filho, e irá chamá-lo de Jesus. Ele será chamado de Filho de Deus, e seu reino nunca terá fim!"

Maria ficou cheia de espanto. "Como poderá acontecer isso?", perguntou ela, suavemente. "Eu nem sou casada!"

"Tudo é possível para Deus", respondeu o anjo. "O Espírito Santo virá sobre você, e o seu filho será o próprio filho de Deus."

Maria inclinou humildemente sua cabeça, dizendo: "Que seja feita a vontade de Deus."

MARIA VISITA ISABEL

Lucas 1

Maria mal podia esperar para contar à sua prima as boas-novas... Então viajou para vê-la. Antes mesmo que ela dissesse "Olá!", Isabel exclamou: "Ó Maria, você é mesmo abençoada entre as mulheres, e também é abençoado o filho que você está esperando! Como me sinto honrada, quando a mãe do meu Senhor me visita! Quando você me cumprimentou, o bebê em meu ventre pulou de alegria. Nós somos tão afortunadas, prima!"

Maria ficou tão cheia de gratidão e alegria, que dela irrompeu uma canção de louvor agradecendo a Deus, de todo o seu coração. E as duas mulheres tinham tanto para compartilhar, que Maria ficou com Isabel por alguns meses antes de voltar para casa.

JOSÉ ESCUTA A DEUS

Mateus 1

Naturalmente, quando José descobriu que Maria estava grávida, pensou que ela tivesse sido infiel a ele e ficou amargamente desapontado. Ele decidiu romper o casamento, mas antes que pudesse fazer algo, Deus falou com ele em sonho: "Maria não foi infiel. O bebê que ela está levando no ventre foi concebido pelo Espírito Santo. Ela dará à luz um filho, e você o chamará de Jesus, pois ele irá salvar o povo de seus pecados."

Quando José acordou, ele se sentiu muito mais feliz. Maria tinha sido leal a ele, e agora ele faria tudo que pudesse para manter ambos, ela e a criança, seguros. E assim, ele se casou com ela sem demora.

O NOME DELE É JOÃO

Lucas 1

Logo Isabel deu à luz um menino. Seus amigos e parentes ficaram emocionados e perguntaram como ela iria chamá-lo. Quando ela contou que ele seria chamado de João, eles ficaram espantados, pois esperavam que à criança fosse dado o mesmo nome do pai - ninguém mais na família se chamava João!

Eles questionaram Zacarias, e ficaram surpresos quando ele pegou uma tábua e escreveu nela em letras grandes e claras: "O nome dele é João." Naquele momento, a língua de Zacarias foi liberada – e as primeiras palavras que ele falou foram todas em louvor ao Senhor: "Vamos louvar ao Senhor, o Deus de Israel! Ele enviou ao seu povo um poderoso Salvador, da casa de seu servo Davi, que seguirá antes do Senhor para preparar o caminho para ele, para fazer seu povo saber que eles serão salvos, pois seus pecados serão perdoados."

As pessoas se entreolharam, espantadas. Estava claro que essa criança cresceria para ser, de fato, muito especial.

JESUS NASCE

Lucas 2

Na mesma época, o imperador de Roma ordenou a realização de um censo concernente às pessoas sob o seu governo. Todos os habitantes das regiões governadas por Roma teriam que ir até a cidade em que haviam nascido, para que fossem contados.

Maria e José tiveram que viajar até Belém, a cidade de Davi, ancestral de José. Quando chegaram lá, eles estavam cansados e queriam encontrar desesperadamente um alojamento para passar a noite, pois havia chegado a hora de o bebê de Maria nascer. Mas a cidade estava superlotada. Todas as hospedarias estavam cheias!

Por fim, o dono de uma estalagem mostrou-lhes um estábulo, e lá o bebê de Maria nasceu. Ela o embrulhou em faixas de pano e o deitou, gentilmente, sobre palha limpa em uma manjedoura. Maria e José olharam para seu filho com alegria, e o chamaram de Jesus, assim como o anjo lhes havia dito.

A HISTÓRIA DOS PASTORES DE OVELHAS

Lucas 2

Naquela mesma noite, um anjo apareceu para alguns pastores de ovelhas, nas colinas acima de Belém. Quando se prostraram ao chão, assustados, o anjo disse: "Não tenham medo. Eu trago boas notícias. Hoje, na cidade de Davi, nasceu o Salvador; ele é o Messias, o Senhor. Vão e vejam por si mesmos. Vocês o encontrarão embrulhado em panos e deitado em uma manjedoura." E então o céu ficou repleto de anjos louvando a Deus!

Quando os anjos partiram, os pastores de ovelhas se apressaram a ir até Belém, onde encontraram o bebê deitado em uma manjedoura, assim como lhes fora dito. E quando o viram, se ajoelharam diante dele, e depois se apressaram para contar a todos sobre esse bebê especial e as notícias maravilhosas!

SIMEÃO E ANA

Lucas 2

Quando Jesus estava com algumas semanas de idade, José e Maria o levaram ao templo, em Jerusalém, para apresentá-lo a Deus, como era costume. Lá eles viram um homem idoso, chamado Simeão, que era cheio do Espírito Santo e a quem Deus tinha prometido que veria o Messias antes de morrer.

Quando viu o bebê Jesus, Simeão ficou tomado de alegria e reverência. Ele perguntou se poderia segurar a criança preciosa em seus braços,

E então ele bradou, em gratidão: "O Senhor cumpriu a sua promessa, e agora pode deixar o seu servo partir em paz. Com os meus próprios olhos vi a criança que trará salvação ao seu povo!" Então ele se voltou para Maria: "O seu filho foi escolhido por Deus para trazer tanto a destruição quanto a salvação de muitas pessoas em Israel!"

Enquanto eles estavam ali, outra pessoa estranha apareceu. Ana era uma viúva idosa, que passara sua vida servindo a Deus no templo. Ela também reconheceu o quanto Jesus era especial e deu graças a Deus. Jesus significava tanto para tantas pessoas!...

A ESTRELA BRILHANTE

Mateus 2

Em um país distante, três homens sábios estudavam as estrelas. Quando uma estrela imensamente cintilante foi descoberta brilhando no céu, eles a seguiram por todo o caminho até a Judeia, pois acreditavam que ela era um sinal de que um grande rei havia nascido.

Primeiro, foram à corte do Rei Herodes, e perguntaram se ele poderia lhes indicar o caminho até o bebê, o qual talvez fosse o esperado rei dos judeus. Preocupado, Herodes convocou seus conselheiros e eles lhe disseram que um profeta havia predito que um novo rei nasceria na cidade do rei Davi, Belém.

Então, o astuto rei encaminhou os homens sábios até Belém, dizendo: "Assim que vocês o encontrarem, voltem aqui e me contem onde ele está, para que eu possa visitá-lo também." Os homens sábios seguiram a estrela até Belém, onde encontraram o bebê Jesus em uma humilde casa. Eles se ajoelharam diante dele e o presentearam com finos tesouros: ouro, incenso e mirra. Mas eles não voltaram ao palácio de Herodes, pois Deus os havia alertado, em sonho, para que não fossem lá.

A FUGA PARA O EGITO

MATEUS 2

HERODES FICOU FURIOSO AO PERCEBER QUE OS HOMENS SÁBIOS NÃO ESTAVAM RETORNANDO. ENTÃO, DECIDIDO A PÔR UM FIM A ESSA AMEAÇA AO SEU PODER, ORDENOU QUE TODOS OS MENINOS COM MENOS DE DOIS ANOS DE IDADE FOSSEM MORTOS.

Mas, tão logo os homens sábios partiram de Belém, um anjo apareceu para José em um sonho. "Você deve pegar Maria e Jesus e partir imediatamente para o Egito", alertou o anjo. "Vocês estão em perigo aqui, pois Herodes enviará soldados à procura do bebê para matá-lo."

José acordou num sobressalto. Ele e Maria rapidamente juntaram seus pertences e, gentilmente, tirando o bebê de seu sono, partiram apressadamente numa longa jornada ao Egito, onde viveram até que o malvado rei Herodes morreu. Então eles voltaram a Nazaré mais uma vez, e, com o passar dos anos, Jesus foi crescendo cheio de graça e sabedoria.

“NA CASA DE MEU PAI”

Lucas 2

Quando Jesus tinha cerca de doze anos, seus pais o levaram a Jerusalém, para celebração da Páscoa, festival que relembrava aos judeus de como Deus os havia resgatado da escravidão no Egito, muitos anos antes. Por uma semana inteira, a cidade ficava repleta de movimentação.

No final desse período, Maria e José partiram para casa com um anfitrião de outro povo, mas, no caminho, perceberam que Jesus não estava com eles. Muitíssimo preocupados, correram de volta à cidade abarrotada de pessoas, a fim de procurar por Jesus. Por fim, no terceiro dia de buscas, eles o encontraram nos pátios do templo, conversando com os mestres da lei, que estavam admirados com o quanto ele sabia.

“Jesus!”, gritaram seus pais. “Estávamos tão preocupados com você!”

“Mas por que vocês estavam me procurando?”, respondeu o jovem garoto.

“Vocês não sabiam que eu estaria na casa de meu Pai?” Embora Jesus amasse Maria e José ternamente, ele sabia que Deus era seu Pai de uma maneira muito especial.

UMA VOZ NO DESERTO

Mateus 3; Marcos 1; Lucas 3

O primo de Jesus, João, vivia no deserto quando Deus o chamou. Ele usava roupas feitas de pelos de camelo, e comia gafanhotos e mel silvestre. Deus queria que João preparasse as pessoas para a vinda de Seu Filho. Então João viajou pelo país inteiro, pregando para as pessoas.

"Arrependam-se de seus pecados e Deus os perdoará". Dizia também, àqueles que vinham ouvi-lo, que não era suficiente alegar que descendiam de Abraão para serem salvos. Eles precisariam se arrepender de verdade e mudar seus comportamentos.

As pessoas vinham de toda parte para escutar. Muitas se arrependiam verdadeiramente, e João as batizava no rio Jordão, como um sinal de que seus pecados tinham sido levados embora e que poderiam fazer um novo começo.

Alguns se perguntavam se o próprio João poderia ser o rei prometido, mas ele dizia: "Eu os batizo com água, mas aquele que vier depois de mim os batizará com o Espírito Santo e com fogo! Eu não sou sequer digno de amarrar as sandálias dele!"

JESUS É BATIZADO

Mateus 3; Marcos 1; Lucas 3

Naquele tempo, Jesus veio de Nazaré até o rio Jordão, onde João estava pregando. João soube de imediato que Jesus era o rei prometido, o 'Cordeiro de Deus.' Então, quando Jesus lhe pediu que o batizasse, João ficou surpreso.

"Você não deveria me pedir para batizá-lo!", ele protestou.

"Eu é que deveria pedir a você para me batizar!" Mas Jesus insistiu.

E quando Jesus estava saindo da água, o céu se abriu e o Espírito desceu sobre ele como uma pomba, e uma voz veio do alto, dizendo: "Você é o meu Filho amado, em quem me agrado."

TENTADO NO DESERTO

Mateus 4; Marcos 1; Lucas 4

Jesus foi tentado por quarenta dias no deserto quente e árido. Ele não comeu nada e estava desesperadamente faminto. O diabo veio até ele e disse: "Se você é o Filho de Deus, certamente pode fazer qualquer coisa. Por que você não diz a estas pedras para se transformarem em pão?"

Jesus respondeu calmamente: "Está escrito: 'Nem só de pão viverá o homem, mas de toda palavra que proceda da boca de Deus.'" Jesus sabia que o alimento não era a coisa mais importante na vida.

O diabo levou Jesus até o alto de um templo e lhe disse para se jogar dali, pois certamente os anjos o salvariam. Mas Jesus disse: "Também está escrito: 'Não ponha à prova o Senhor, seu Deus.'"

Do alto de um monte, o diabo ofereceu a Jesus todos os reinos do mundo, se ele simplesmente se curvasse e o adorasse, mas Jesus respondeu: "Afasta-te de mim, Satanás! Pois está escrito: 'Adorarás o Senhor teu Deus, e só a ele servirás.' "

Quando o diabo percebeu que não conseguiria tentar Jesus, ele desistiu e o deixou. Então Deus enviou seus anjos até Jesus, para o ajudarem a se recuperar.

PESCANDO HOMENS

Mateus 4; Marcos 1; Lucas 5

Então Jesus voltou para a Galileia e começou a pregar. A notícia logo se espalhou, e as pessoas chegavam de longe para ouvi-lo. Certo dia, às margens do Mar da Galileia, a multidão era tão grande que Jesus pediu a um pescador se ele o levaria, em seu barco, para um espaço um pouquinho mais afastado da costa, a fim de que todos pudessem vê-lo.

Mais tarde, Jesus disse a Simão, o pescador, para mover o barco para mais adiante, nas águas, e baixar suas redes. "Mestre", Simão respondeu, "estivemos mar afora a noite inteira e nada pegamos. Mas se o senhor diz assim, então nós tentaremos de novo."

Ele não conseguia acreditar no que via quando puxou suas redes cheias de peixes! Ele chamou seu irmão, André, e seus amigos Tiago e João para que o ajudassem, e logo os dois barcos estavam tão cheios de peixes que ficaram quase a ponto de afundar!

Simão caiu de joelhos, mas Jesus sorriu. "Não tenha medo, Simão. De agora em diante, você deverá ser chamado de 'Pedro'*, pois é isso que você será." Então ele se voltou para todos os homens. "Eu quero que vocês deixem suas redes," disse ele, "e venham comigo e sejam pescadores de homens, para que possamos espalhar as boas-novas!" E os homens puxaram os barcos até a praia, deixaram tudo e seguiram Jesus!

* O nome Pedro deriva da palavra grega "petros", que significa pedra ou rochedo.

ÁGUA EM VINHO

João 2

Jesus foi convidado a uma festa de casamento maravilhosa, junto com seus amigos e sua mãe. Tudo estava indo bem, até que o vinho acabou! Maria veio contar isso a Jesus, que lhe perguntou: "Por que você está me contando isso? A minha hora ainda não chegou." Mas Maria ainda esperava que ele ajudasse e falou baixinho com os servos, dizendo-lhes que fizessem tudo quanto Jesus lhes pedisse para fazer.

Havia vários vasos enormes para água, por perto. Jesus disse aos servos para enchê-los de água, despejá-la em cântaros e levá-los ao mestre--sala para experimentar. Quando o mestre-sala provou a água, exclamou para o noivo: "A maioria das pessoas serve o melhor vinho no início de uma refeição, mas você guardou o melhor para o final!" é que os cântaros estavam cheios de delicioso vinho! Este foi o primeiro dos muitos milagres que Jesus faria.

DEMÔNIOS E CURA

Mateus 8; Marcos 1; Lucas 4

Jesus estava pregando em uma cidade da Galileia. As pessoas ficavam maravilhadas – elas estavam acostumadas a escutar os mestres da lei, mas Jesus era diferente. Ele parecia falar com autoridade genuína. Na sinagoga, havia um homem que estava possuído por um espírito ruim. Jesus ordenou ao espírito que saísse do homem e assim aconteceu. As notícias sobre o que acontecera rapidamente se espalharam.

Mais tarde, Jesus foi à casa de Simão Pedro e André. A sogra de Simão Pedro estava doente, de cama, mas Jesus, gentilmente, pegou-a pela mão e a ajudou a sentar-se.

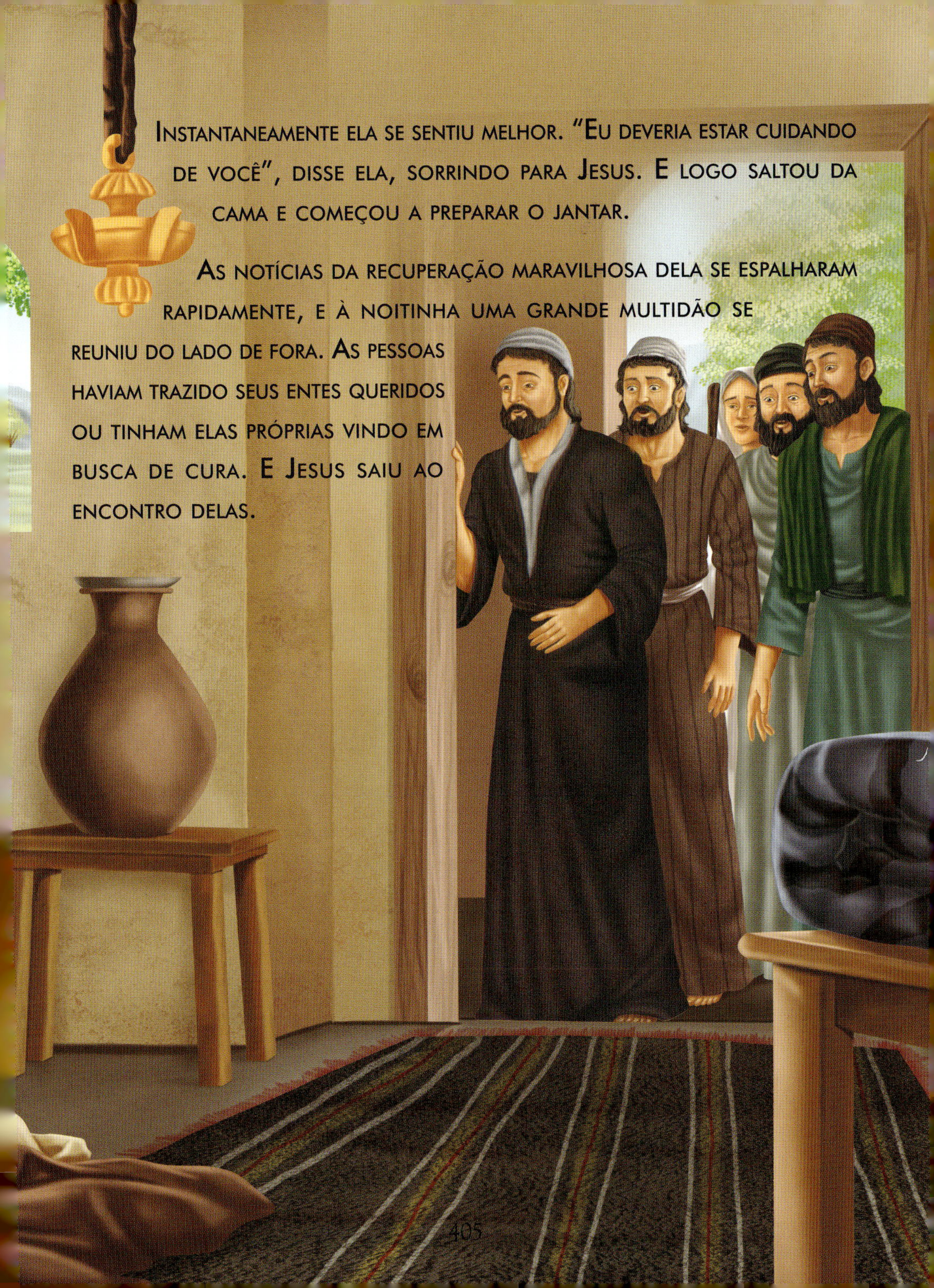

Instantaneamente ela se sentiu melhor. "Eu deveria estar cuidando de você", disse ela, sorrindo para Jesus. E logo saltou da cama e começou a preparar o jantar.

As notícias da recuperação maravilhosa dela se espalharam rapidamente, e à noitinha uma grande multidão se reuniu do lado de fora. As pessoas haviam trazido seus entes queridos ou tinham elas próprias vindo em busca de cura. E Jesus saiu ao encontro delas.

EXPULSO!

Marcos 6; Lucas 4

Um dia, Jesus estava em Nazaré, cidade em que vivia, lendo o pergaminho do profeta Isaías que predizia a vinda do Messias. No início, as pessoas ficaram impressionadas, mas quando ele disse "Hoje se cumpriu a Escritura que vocês acabaram de ouvir", eles ficaram perplexos.

Jesus – o filho de Maria e José, o carpinteiro – estava lhes dizendo que ele era o servo especial de Deus! Como ele ousava dizer tal coisa!

Jesus sabia que as pessoas duvidariam dele, que elas esperavam que ele operasse algum milagre para provar isso, feito um apresentador. Ele também sabia que os profetas nunca eram aceitos pelo povo em suas próprias cidades.

Os presentes ficaram furiosos com Jesus, e o forçaram a sair da sinagoga. Alguns ficaram tão furiosos que queriam empurrá-lo de um precipício, mas quando tentaram, ele simplesmente caminhou por entre a multidão e os deixou parados lá, confusos!

JESUS E O COBRADOR DE IMPOSTOS

Mateus 9; Marcos 2; Lucas 5

Mateus era cobrador de impostos e ganhava muito bem, mas quando Jesus lhe disse para segui-lo, ele desistiu de seu emprego imediatamente. Ele queria que todos os seus amigos conhecessem Jesus, também. Mas quando os líderes religiosos judeus ficaram sabendo que Jesus estava se reunindo com cobradores de impostos e pecadores, ficaram contrariados.

"Por que ele está se misturando com tipos como aqueles?", eles se perguntaram. "Todo mundo sabe que os cobradores de impostos são gananciosos e desonestos!"

Mas Jesus lhes disse: "Se você vai a um médico, você não espera ver pessoas saudáveis – pessoas que estão doentes é que precisam ir ao médico. Eu sou o médico de Deus. Eu vim aqui para salvar aquelas pessoas que são pecadoras e que querem um novo começo. Aquelas que não têm nada de errado não precisam de mim."

O SENHOR PODE ME TORNAR LIMPO!

MATEUS 8; MARCOS 1; LUCAS 5

CERTA VEZ, UM HOMEM COM LEPRA, UMA DOENÇA DE PELE TERRÍVEL, FOI ATÉ JESUS E SE AJOELHOU DIANTE DELE. "SENHOR, SE QUISERES, PODES

me tornar limpo", ele implorou, humildemente. Tomado de compaixão, Jesus estendeu a mão para tocar o homem. "Eu quero, sim", disse ele. "Seja limpo!" E imediatamente a pele do homem ficou perfeitamente suave e saudável!

O homem, agradecido, simplesmente não pôde manter o maravilhoso feito só para si, e não demorou para que muitas pessoas quisessem vir e ver Jesus, de modo que ele não podia mais ir a parte alguma sem ficar cercado pelas multidões.

ONDE HÁ UM QUERER ...

Mateus 9; Marcos 2; Lucas 5

Certa vez, alguns homens trouxeram seu amigo paralítico para ser curado, mas a casa onde Jesus estava hospedado estava tão lotada que eles não conseguiam entrar! Recusando-se a desistir, eles fizeram um buraco no telhado e baixaram o homem por ali, em uma maca!

Quando Jesus viu o quanto era forte a fé nele, disse ao homem: "Os teus pecados estão perdoados, meu amigo."

Isso ofendeu aos doutores da lei, pois apenas Deus poderia perdoar pecados. Mas Jesus disse: "É mais fácil dizer a este homem: 'Os teus pecados estão perdoados,' ou dizer: 'Levanta-te e anda'? O Filho do Homem tem autoridade na terra para perdoar os pecados." Então ele disse ao homem: "Levanta-te, toma o teu leito e vai para casa." Então o homem se levantou, pegou seu leito e partiu, e todos ficaram cheios de temor.

O TEMPLO PROFANO

João 2

Jesus e seus discípulos foram ao templo, em Jerusalém, para orar. Mas quando Jesus entrou, ficou horrorizado, pois estava repleto de cambistas e pessoas vendendo animais. Parecia mais um mercado que um templo sagrado! Jesus ficou furioso. Ele expulsou os animais do templo e derrubou as mesas dos cambistas. "Saiam!", ele gritou. "Como ousam transformar a casa de meu Pai em um mercado? Vão embora!"

Assim que o templo ficou tranquilo e em paz novamente, Jesus começou a ensinar aos seus discípulos sobre a bondade e a misericórdia de Deus. Muitos dos sacerdotes e líderes tinham ciúme de Jesus, e desejavam destruí-lo, mas não podiam fazer nada, porque o povo prestava atenção ao que Jesus dizia e o escutava.

UM VISITANTE À NOITE

João 3

Nicodemos era um dos líderes judeus. Ele estava impressionado com Jesus, mas não queria que ninguém soubesse de sua admiração, então ele foi falar com Jesus tarde da noite, para não ser visto. Ele disse que sabia que Jesus tinha sido enviado por Deus, por causa dos milagres maravilhosos que ele tinha feito.

Mas Jesus não ficou impressionado com a bajulação. "Ninguém pode ver o reino de Deus, a menos que nasça de novo", foi tudo o que ele disse, confundindo Nicodemos, que não conseguia compreender como uma pessoa velha poderia nascer novamente.

Então Jesus respondeu: "A menos que você nasça da água e do Espírito, você não pode entrar no Reino de Deus." E como Nicodemos ainda não compreendia, Jesus continuou: "Importa que o Filho do Homem seja levantado, para que todo aquele que Nele crê possa ter a vida eterna.

Porque Deus amou o mundo de tal maneira que deu o seu Filho unigênito, para que todo aquele que nele crê não pereça, mas tenha a vida eterna. Porque Deus enviou o seu Filho ao mundo, não para que condenasse o mundo, mas para que o mundo pudesse ser salvo por ele."

Jesus estava falando de um nascimento espiritual, não um nascimento físico – um que viria pela crença no próprio Jesus.

A MULHER JUNTO AO POÇO

João 4

Passando pela Samaria, Jesus parou para descansar junto a um poço. Quando uma mulher da região veio pegar água, Jesus lhe pediu um pouco de água para beber. Ela ficou espantada, porque normalmente os judeus não falariam com os samaritanos. Ela ficou ainda mais surpresa quando ele disse: "Se você conhecesse o que Deus pode lhe dar e quem é que está lhe pedindo água, você teria pedido e Ele lhe teria dado da água viva."

A mulher, intrigada, perguntou onde se poderia conseguir essa água especial, ao que Jesus respondeu: "Aqueles que beberem desta água terão sede outra vez, mas quem beber da água que eu lhe der nunca mais terá sede."

Diante disso, a mulher samaritana pediu, ansiosamente: "Por favor, dê-me dessa água maravilhosa!" – mas quando Jesus lhe disse para buscar seu marido, ela se envergonhou e disse que não tinha marido.

Jesus disse a ela: "Não, você teve cinco maridos e não é casada com o homem com quem você vive agora."

A atônita mulher correu para contar aos seus amigos sobre o incrível homem que sabia tanto sobre ela. "Vocês acham que ele poderia ser o rei prometido por Deus?", ela perguntou. Por causa daquele dia, muitos dentre eles foram ver Jesus e nele acreditaram.

O SERVO DO OFICIAL

Mateus 8; Lucas 7

Em Cafarnaum vivia um oficial romano. Os romanos, normalmente, não se davam bem com os judeus, mas este oficial era um bom homem, que tratava bem aos judeus. Ele também era gentil com as pessoas em sua família, mas um de seus servos estava muito doente, quase morrendo. Quando o oficial ouviu que Jesus tinha vindo a Cafarnaum, veio pedir sua ajuda.

Jesus perguntou a ele: "Devo ir e curá-lo?"

Então o oficial respondeu: "Senhor, eu não sou digno de recebê-lo em minha própria casa, mas eu sei que o senhor não precisa fazer isso de modo algum. Se o senhor apenas disser uma palavra, eu sei que meu servo será curado, da mesma maneira que acontece quando eu ordeno aos meus soldados a fazerem algo, e eles o fazem! O oficial acreditava em Jesus tão fortemente, que nem mesmo pedia a ele que visitasse o homem doente!

Então Jesus disse à multidão que o seguia: "Eu digo a todos vós que nunca encontrei fé como esta, nem mesmo em Israel!"

E quando o oficial voltou para casa, encontrou seu servo de pé e em perfeita saúde, novamente!

O FILHO DA VIÚVA

Lucas 7

Certo dia, quando Jesus e seus discípulos estavam entrando em uma cidade, chegaram a tempo de ver um cortejo fúnebre saindo pelos portões da cidade. O homem morto era o filho único de uma viúva, e ela estava inconsolável.

Quando Jesus a viu, seu coração se compadeceu muito. Ele se aproximou dela e disse, gentilmente: "Não chore." Caminhou adiante e tocou o caixão.

Então os homens que o carregavam pararam.

Jesus disse: "Jovem! Levanta-te, eu te ordeno!"

Com estas palavras, para surpresa e temor dos enlutados, o homem morto sentou-se e começou a conversar. Então Jesus o levou até a mãe, que estava tomada pelos sentimentos de alegria e gratidão.

APENAS DORMINDO

Mateus 9; Lucas 5

Jairo estava desesperado! Sua garotinha adoecera terrivelmente, e ele temia que Jesus não conseguisse atravessar a multidão a tempo, para curá-la. Enquanto isso, parado na multidão, Jesus perguntou quem o havia tocado. "Mestre, todo mundo está tocando no senhor no meio desta multidão!", disse um discípulo. Mas Jesus sabia que tinha sido tocado de uma maneira especial.

Quando ele olhou ao seu redor, uma mulher deu um passo à frente e se ajoelhou aos seus pés. "Senhor, fui eu", ela disse, nervosamente. Há anos ela vivia doente e ninguém tinha sido capaz de ajudá-la, mas ela sabia que se pudesse apenas chegar perto de Jesus seria curada. E sem dúvida, no momento em que ela conseguiu tocar a borda da capa dele, ficou curada!

Jesus não estava zangado. "Mulher", disse ele, bondosamente. "A tua fé te curou. Agora, vai para casa."

Foi então que alguém informou que a filha de Jairo havia morrido! Jairo ficou de coração partido, mas Jesus continuou a caminhar. "Acredite em mim, Jairo", ele disse. Jesus chegou à casa pelo som dos prantos. "Por que vocês estão agindo assim?", ele perguntou. "A menina não está morta; ela está apenas dormindo". Então Jesus entrou no quarto da menina, segurou uma de suas mãos entre as dele e sussurrou: "Acorde, minha criança!"

Naquele instante, a menina abriu os olhos. Ela sorriu para Jesus e abraçou seus eufóricos pais.

O SENHOR DO SÁBADO

MATEUS 12; MARCOS 2-3; LUCAS 6

JESUS E SEUS DISCÍPULOS ESTAVAM ATRAVESSANDO UMA PLANTAÇÃO DE TRIGO, NUM SÁBADO. ALGUNS FARISEUS AVISTARAM SEUS DISCÍPULOS APANHANDO ESPIGAS DE TRIGO PARA COMER. ELES JULGARAM QUE TAL ATITUDE ESTAVA ERRADA, POIS ERA COMO SE TRABALHASSEM, E DEUS LHES HAVIA ORDENADO QUE GUARDASSEM O SÁBADO SANTIFICADO. OS FARISEUS OBEDECIAM CEGAMENTE ÀS NORMAS - ELES CHEGAVAM A ACHAR QUE UM MÉDICO NÃO DEVERIA TRABALHAR NO SÁBADO, A MENOS QUE O PACIENTE ESTIVESSE PARA MORRER!

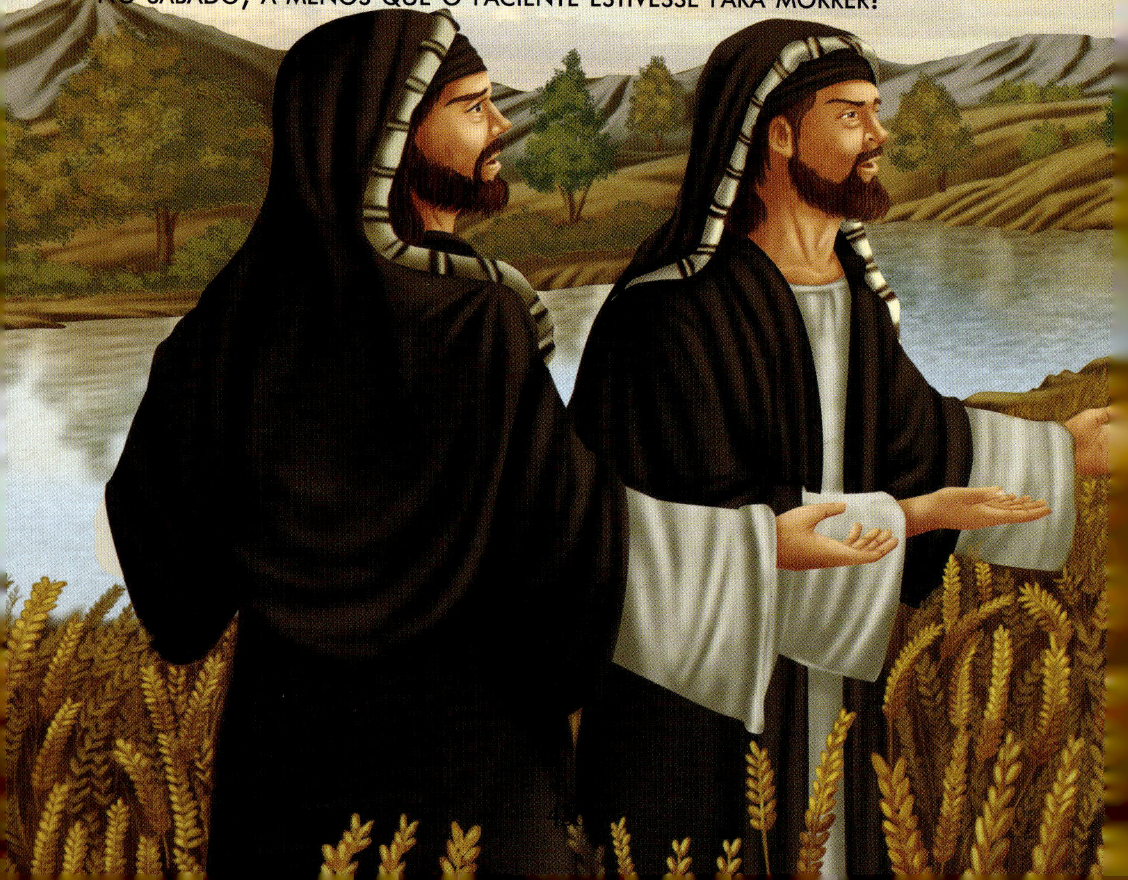

Jesus os fez lembrar que "Quando Davi e seus homens estavam com fome, ele foi ao templo e pegou o pão que estava lá para os sacerdotes comerem. O Filho do Homem é o Senhor do Sábado."

Noutro sábado, Jesus curou um homem que tinha uma das mãos ressecada, dizendo aos zangados fariseus: "O que vocês acham que a nossa lei realmente quer que façamos no sábado? Devemos ajudar as pessoas ou prejudicá-las?" Jesus estava tentando explicar que as leis que Deus lhes havia dado existiam para ensiná-los a distinguir o certo do errado, e não para serem usadas apenas para punir e julgar. Eles deveriam amar e ajudar uns aos outros.

ESCOLHENDO OS DOZE

Mateus 10; Marcos 3, 6

Naquele tempo, Jesus escolheu doze homens como seus discípulos* especiais. Caberia a eles dar continuidade ao trabalho de Jesus, após sua morte. Formavam um grupo mesclado: Simão Pedro e seu irmão André, e os irmãos Tiago e João eram todos pescadores; Mateus (ou Levi) era um cobrador de impostos, enquanto Simão (não o Simão Pedro) era um patriota que queria combater os Romanos; e os outros seis eram Bartolomeu, Tomé, Tiago, filho de Alfeu, Filipe, Judas (ou Tadeu), filho de Tiago, e Judas Iscariotes.

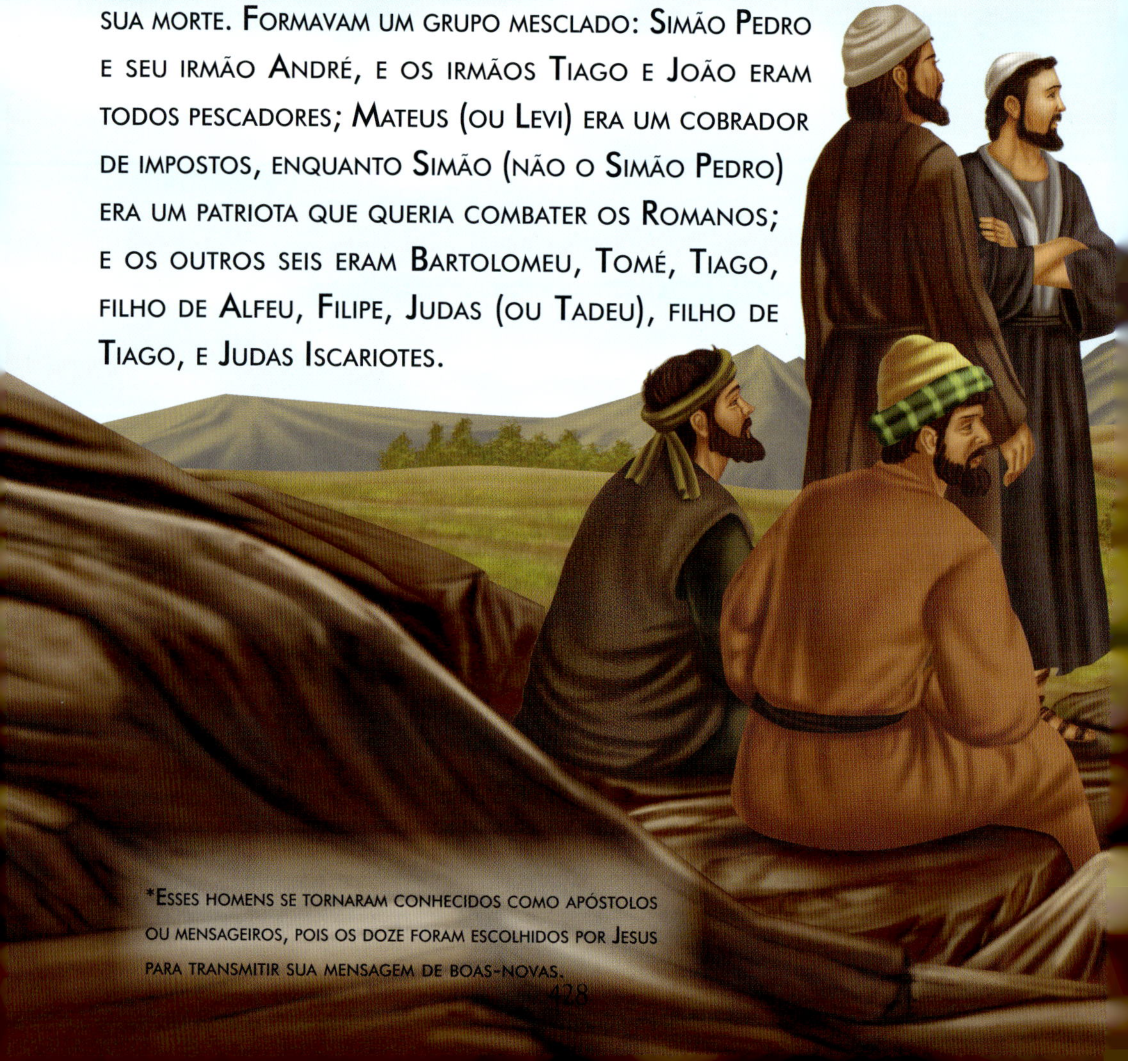

*Esses homens se tornaram conhecidos como apóstolos ou mensageiros, pois os doze foram escolhidos por Jesus para transmitir sua mensagem de boas-novas.

Jesus sabia que eles teriam uma tarefa difícil à sua frente. Ele queria que ensinassem às pessoas que o reino de Deus estaria próximo, e a curar as pessoas também. Ele os enviou a viajar de vilarejo em vilarejo, não levando nada com eles, exceto uma vara, porque Deus providenciaria tudo que eles precisassem. Para todo lugar que fossem, deveriam contar com a hospitalidade das pessoas, e se não fossem bem-vindos, então deveriam partir. Mas aqueles que os acolhessem bem, estariam, de fato, dando as boas-vindas ao próprio Jesus.

A CURA NO TANQUE

João 5

Em Jerusalém havia um tanque chamado Betesda, onde os doentes se reuniam, pois acreditavam que de tempos em tempos um anjo agitava a água e que a primeira pessoa que entrasse nela seria curada. E estava ali um homem que estava doente havia trinta e oito anos! Ele contou a Jesus que não tinha ninguém para ajudá-lo a entrar no tanque. Mas Jesus simplesmente respondeu: 'Levanta-te, toma o teu leito e anda.'

Então o homem se levantou do chão, apanhou o leito no qual havia ficado deitado por tantos anos e foi embora caminhando, perfeitamente saudável!

Mais uma vez, os líderes religiosos ficaram zangados com Jesus por curar num sábado. Eles ficaram ainda mais ofendidos quando ele lhes disse: "Meu Pai está sempre trabalhando, e eu também tenho que trabalhar." "Quem ele pensa que é? Isso é ultrajante!", resmungavam os líderes religiosos. Mas Jesus respondeu: "Não faço coisa alguma por mim mesmo – estou apenas fazendo o que Deus quer que eu faça e me autorizou a fazer."

O SERMÃO DO MONTE

MATEUS 5; LUCAS 6

Jesus nem sempre era bem-vindo nas sinagogas. Então, muitas vezes ele ensinava aos seus discípulos e às grandes multidões que se reuniam fora, ao ar livre. Uma das mais importantes pregações que ele fez foi em uma montanha, perto de Cafarnaum. Ela ficou conhecida como o "Sermão do Monte". Jesus falou às pessoas sobre o que era verdadeiramente importante na vida, consolou e aconselhou:

"Bem-aventurados os pobres e aqueles que estão tristes ou que foram terrivelmente maltratados; aqueles que são humildes, gentis e bondosos; e aqueles que tentam fazer a justiça – pois todas essas pessoas serão recompensadas no céu! Elas serão consoladas e terão grande alegria. Aqueles que foram misericordiosos receberão misericórdia, e Deus olhará bondosamente para aqueles que tentaram manter a paz, pois eles são, verdadeiramente, seus filhos. Portanto, fiquem contentes quando as pessoas forem ruins com vocês e disserem coisas maldosas sobre vocês por minha causa – pois uma grande recompensa os estará aguardando no céu!"

PALAVRAS SÁBIAS

Mateus 5-7; Lucas 6

Jesus continuou: "É importante obedecer a todas as leis de Deus, mas você precisa compreender o significado que há nelas. Não é suficiente apenas não matar alguém: você tem que aprender a verdadeiramente perdoar, para se aproximar de Deus. Então, em vez de pensar 'Olho por olho, dente por dente,' se alguém lhe bater numa das faces, ofereça a outra também! A raiva vai consumir você. É fácil amar aqueles que têm amor por você, mas eu digo: ame os seus inimigos! Deus faz com que o sol se levante sobre maus e bons, e a chuva desça sobre justos e injustos!

E seja a sua vida um exemplo para os outros, para que a sua luz brilhe resplandecentemente, e todos que a isso virem louvem a Deus também. Mas não faça coisas boas apenas para as pessoas olharem para você e pensarem o quanto você é bom. Você não precisa do elogio delas.

Faça as suas boas obras em particular, e seu Pai, que a tudo vê, o recompensará.

Trate aos outros da mesma maneira que você gostaria que o tratassem. Não os julgue. Pense primeiramente em seus próprios erros!

Não armazene riqueza na terra – ela não durará. Armazene tesouros no céu, porque onde estiverem os seus tesouros, ali estará o seu coração também. E não se preocupe com as roupas que você está usando ou de onde virá a sua próxima refeição.

Mais vale a vida que o alimento e o vestuário. Olhe para as aves no céu. Elas não têm que plantar e colher e armazenar seu alimento: Deus as alimenta. E se Ele se importa com as aves, muito mais amor ainda tem por você!"

A MANEIRA CERTA DE ORAR

Mateus 6; Lucas 11

Jesus também ensinou às pessoas a maneira certa de orar. Elas não deveriam tentar impressionar as outras orando em público, mas deveriam, isto sim, ir a um lugar quieto e orar para Deus sozinhas. Elas também não deveriam ficar repetindo palavras sem sentido. Deus sabe o que está em nossos corações. Esta é a oração que Jesus ensinou às pessoas para orarem a Deus:

Pai Nosso, que estais nos céu,
santificado seja o vosso nome.
Venha a nós o vosso reino,
e seja feita a vossa vontade
assim na terra, como no céu.
O pão nosso de cada dia, dai-nos hoje.
Perdoai as nossas ofensas,
assim como nós perdoamos
a quem nos tenha ofendido.
Não nos deixeis cair em tentação,
mas livrai-nos do mal.
Porque vosso é o reino, o poder e
a glória, para todo o sempre.
Amém.

"Continuem pedindo", disse Jesus, "e vocês receberão. Continuem buscando, e vocês acharão. Continuem batendo, e a porta será aberta a vocês."

UM FUNDAMENTO SÓLIDO

Mateus 7; Lucas 6

Antes de Jesus concluir seu sermão, ainda disse uma última coisa: "Se vocês escutarem os meus ensinamentos e os seguirem, então vocês serão sábios como uma pessoa que constrói sua casa sobre a rocha sólida. Mesmo que venha a chuva, os rios transbordem e os ventos soprem forte, a casa não cairá, por estar construída sobre uma rocha firme. Mas aquele que escutar e não obedecer, será tolo como a pessoa que constrói uma casa sobre a areia, sem qualquer fundamento.

A casa é construída rapidamente, mas quando as chuvas, enchentes e ventos vierem, a casa não será capaz de resistir a eles. Ela ruirá e será completamente destruída."

À medida que as multidões lentamente se dispersavam, suas mentes estavam cheias de todas aquelas ideias novas. Jesus não era nada parecido com seus mestres habituais, mas o que ele dizia fazia sentido. Havia muito para refletir!

A DANÇA MORTAL

Mateus 11, 14; Marcos 6; Lucas 7

Algum tempo antes disso, o Rei Herodes havia dado ordens de atirar João Batista na prisão. Ele e a rainha estavam furiosos com João, por ele ter contado a todos que Herodes havia agido mal ao se divorciar de sua própria esposa a fim de se casar com Herodias, a esposa de seu meio-irmão. Na verdade, a Rainha Herodias queria que seu marido executasse João!

Quando aconteceu o aniversário do rei, Herodias arranjou uma maneira de sua filha Salomé dançar para ele. A dança dela era fascinante e exótica, e antes que se apercebesse do que fazia, Herodes prometeu conceder a Salomé qualquer coisa que ela pedisse. Então Salomé (conforme fora instruída pela própria mãe), respondeu: "A cabeça de João Batista em uma bandeja!" Herodes percebeu que havia caído numa armadilha, mas ele tinha de cumprir sua promessa. Um guarda foi enviado até a prisão, e a cabeça de João foi decepada.

Quando os amigos de João ouviram as terríveis notícias, vieram, levaram seu corpo e o enterraram. E então eles tiveram que contar tudo a Jesus.

ALIMENTANDO CINCO MIL

Mateus 14; Marcos 6; Lucas 9; João 6

Quando Jesus ouviu sobre João, tentou ir para algum lugar sossegado. Mas as pessoas o acompanhavam, e ele não conseguia fazer com que fossem embora. Quando anoiteceu, ainda havia uma enorme multidão. Jesus disse a seus discípulos que dessem algo para as pessoas comerem. "Mas Mestre", responderam os discípulos, "há milhares de pessoas e nós apenas temos cinco pães e dois peixes!"

Jesus ordenou a eles que dissessem às pessoas para se sentarem, e então, tomando os cinco pães e os dois peixes e olhando para o céu, ele deu graças a seu Pai e partiu os pães em pedaços.

Ele os deu aos discípulos, que os levaram às pessoas e então retornaram a Jesus para pegar mais pão e peixe. Ele encheu os cestos deles novamente . . . e novamente . . . e novamente! Para espanto de todos, ainda havia pão e peixe de sobra nos cestos quando eles foram alimentar as últimas pessoas! Mais de cinco mil pessoas foram alimentadas naquele dia – com cinco pães e dois peixes!

JESUS ACALMA A TEMPESTADE

Mateus 8; Marcos 4; Lucas 8

Jesus e seus discípulos embarcaram para navegar até o outro lado do lago. Jesus estava tão cansado, que se deitou e pegou no sono. De repente, os céus escureceram, os pingos de chuva caíram vigorosamente e uma tempestade violenta atingiu o lago. Ondas enormes sacudiam o barco e os discípulos ficaram aterrorizados, achando que iriam emborcar.

Jesus ainda estava deitado, dormindo. Os amedrontados discípulos foram até ele e o acordaram, implorando-lhe para salvá-los. "Por que vocês estão com medo? Vocês têm tão pouca fé!", disse ele, tristemente. Então ele calmamente se levantou, estendeu bem seus braços e, olhando para o vento e a chuva, ordenou: "Sossegai!", e imediatamente o vento e as ondas se aquietaram e tudo ficou calmo.

Os discípulos ficaram pasmos. "Quem é esse homem?", eles se perguntaram. "Até os ventos e as ondas obedecem a ele!"

DEMÔNIOS E PORCOS

Mateus 8; Marcos 5; Lucas 8

Jesus pisou em terra firme e deparou com um homem possuído por espíritos malignos. Por muito tempo esse homem tinha vivido de modo selvagem. As pessoas ficavam assustadas com ele, e o haviam acorrentado, mas ele era tão forte que arrebentara as correntes! Quando viu Jesus, ele caiu de joelhos no chão, gritando: "O que queres comigo, Filho do Mais Altíssimo Deus? Por favor, não me tortures!" o homem estava possuído por muitos demônios que imploravam a Jesus que não os expulsasse.

Uma manada de porcos estava se alimentando na ladeira da redondeza. Jesus permitiu que os espíritos malignos entrassem nos porcos, e então a manada inteira se precipitou do despenhadeiro para o mar, e até o último porco se afogou!

As pessoas da redondeza ficaram tão escandalizadas quando viram a mudança no homem selvagem, que pediram a Jesus para partir. Mas o homem que tinha estado possuído contou sua história maravilhosa por toda parte, e todos que o ouviam ficavam maravilhados.

A PARÁBOLA DO SEMEADOR

Mateus 13; Marcos 4; Lucas 8

Muitas das pessoas que vinham escutar Jesus eram agricultores. Jesus tentava transmitir sua mensagem de uma maneira que elas pudessem compreender. Suas histórias, muitas vezes chamadas de parábolas, faziam as pessoas refletir sozinhas sobre as coisas. Para algumas, elas eram apenas histórias, mas outras pessoas compreendiam a mensagem de Jesus.

"Um semeador saiu para plantar suas sementes. Enquanto ele as espalhava, algumas sementes caíram pelo caminho e foram pisoteadas ou comidas pelas aves. Algumas sementes caíram em solo rochoso, onde não havia terra. E quando começaram a crescer, as plantas murcharam, porque suas raízes não conseguiam alcançar a água. Outras sementes caíram entre ervas daninhas, que as sufocaram. E outras sementes, ainda, caíram em solo bom. Estas se tornaram plantas altas, fortes e produziram uma colheita bem maior do que o que fora semeado."

Jesus estava lhes dizendo que ele era como o semeador, e as sementes eram como a mensagem que ele trouxera de Deus. Assim sendo, as sementes

QUE CAÍAM NO CAMINHO E ERAM DEVORADAS PELAS AVES SERIAM COMO AQUELAS PESSOAS QUE OUVEM AS BOAS-NOVAS MAS NÃO PRESTAM ATENÇÃO. AQUELAS NO SOLO ROCHOSO SERIAM COMO AS PESSOAS QUE RECEBEM A PALAVRA COM ALEGRIA QUANDO A OUVEM, MAS NÃO TÊM RAÍZES. ELAS ACREDITAM POR UM TEMPO, MAS QUANDO A VIDA FICA DIFÍCIL, DESISTEM FACILMENTE. AS SEMENTES ENTRE AS ERVAS DANINHAS SERIAM AQUELAS PESSOAS QUE OUVEM, MAS SE DEIXAM LEVAR PELAS PREOCUPAÇÕES DA VIDA E PELOS PRAZERES. MAS AS SEMENTES QUE CAÍRAM EM SOLO BOM SERIAM COMO AQUELAS PESSOAS QUE OUVEM A MENSAGEM DE DEUS E A MANTÊM FIRME EM SEUS CORAÇÕES. A FÉ QUE ELAS TÊM CRESCE CADA VEZ MAIS.

A PARÁBOLA DO JOIO

Mateus 13

Jesus contou outra parábola: “Certa vez, um semeador plantou boas sementes em seu campo. Mas naquela noite, seu inimigo semeou joio entre o trigo. Quando o trigo começou a crescer, o joio cresceu também. Seus servos perguntaram se deveriam arrancá-lo, mas o dono disse: ‘Se vocês arrancarem o joio, podem acabar arrancando o trigo também. Precisamos deixar ambos crescerem até a colheita; então nós ceifaremos e queimaremos o joio e reuniremos o trigo e o recolheremos em meu celeiro.’”

Depois, Jesus explicou: "O semeador que plantou a boa semente é o Filho do Homem. O campo é o mundo, e a boa semente é o povo do reino. Os joios foram semeados pelo diabo, e eles são o povo dele. A colheita virá no fim dos tempos. Então o Filho do Homem enviará seus anjos e eles extirparão de seu reino tudo o que causa pecado e todos os que fazem a maldade, e os lançarão na fornalha ardente; mas os justos brilharão como o sol no reino de seu Pai."

CAMINHANDO SOBRE A ÁGUA

Mateus 14; Marcos 6; João 6

Era tarde da noite e as ondas sacudiam o barco, violentamente. Jesus tinha descido em terra firme para orar, e os discípulos estavam com medo. No primeiro raiar da alvorada, eles viram uma figura caminhando sobre a água, na direção deles! Eles acharam que fosse um fantasma e ficaram com medo, até ouvirem a calma voz de Jesus: "Sou eu. Não tenham medo."

Simão Pedro foi o primeiro a falar. "Senhor", disse ele, "se és tu, manda-me ir ter contigo sobre as águas", e Jesus assim o fez.

Ele colocou um pé devagar, na água. Então ele abaixou o outro, e, corajosamente, ficou em pé, afastando-se do barco. Ele não afundou! Mas quando ele olhou ao redor, para as ondas, faltou-lhe coragem. E quando começou a afundar, ele gritou: "Senhor, salve-me!"

Jesus estendeu o braço e pegou sua mão. "Ó Pedro", disse ele, tristemente. "Onde está a tua fé? Por que duvidaste?" Então, juntos, caminharam de volta ao barco. O vento cessou e a água se acalmou. Os discípulos o adoraram. "Verdadeiramente, tu és o Filho de Deus", eles disseram, humildemente.

MIGALHAS DA MESA

Mateus 15-16; Marcos 7-8

Um dia, uma mulher Cananeia se jogou aos pés de Jesus, lamentosa e cheia de sofrimento e esperança: "Senhor, tenha misericórdia de mim! Minha filha está possuída por um demônio!" Jesus continuou quieto, mas seus discípulos o instigavam para mandá-la embora.

Jesus disse para a mulher, gentilmente: "Fui enviado apenas para as ovelhas perdidas de Israel." E, quando ela implorou novamente, ele respondeu: "Não é justo pegar o pão das crianças e lançá-lo aos cães."

"Senhor", ela respondeu, "até mesmo os cães comem as migalhas que caem da mesa de seu dono."

Então Jesus, muito tocado, disse: "Mulher, tens uma grande fé! Teu pedido será concedido." E quando a mulher foi para casa, encontrou sua amada filha dormindo pacificamente, bem e saudável novamente.

A TRANSFIGURAÇÃO

Mateus 17; Marcos 9; Lucas 9

Jesus subiu uma montanha para orar, levando com ele Pedro, Tiago e João. De repente, enquanto Jesus orava, os discípulos olharam para cima e o viram transformado. Uma luz brilhava de seu rosto e roupas, e, enquanto observavam, maravilhados, viram que Moisés, que tinha conduzido o seu povo para fora do Egito e Elias, o maior de todos os profetas, repentinamente estavam lá, diante de seus próprios olhos, conversando com Jesus! Então uma nuvem brilhante os cobriu e uma voz disse: "Este é o meu Filho, a quem eu amo. Escutem o que ele tem a dizer, pois estou muito satisfeito com ele!"

Os discípulos caíram ao chão, assustados demais para erguer seus olhos. Mas Jesus se aproximou e tocou neles. "Não tenham medo", disse ele, mansamente. E, quando eles ergueram seus olhos, não viram mais ninguém, a não ser Jesus.

JESUS E AS CRIANCINHAS

Mateus 19; Marcos 10; Lucas 18

Jesus amava as criancinhas, porque eram boas e inocentes. Ele estava sempre cercado de crianças, e às vezes seus discípulos tentavam afugentá-las. "Não impeçais as criancinhas de virem a mim", disse ele, firmemente. "O reino dos céus pertence a elas e a todos aqueles que são como elas."

Certa vez, quando os discípulos começaram a discutir sobre quem deles era o mais importante, Jesus chamou com um aceno uma criancinha, e colocou seu braço ao redor dela. Então ele se voltou para seus discípulos, dizendo: "Qualquer que em meu nome recebe uma destas crianças, a mim me recebe; e qualquer que me recebe a mim, recebe àquele que me enviou. Porque aquele que é menor entre vós, esse é o maior. Para entrardes no céu, tereis de ser como uma criancinha!"

A SEGUNDA CHANCE

João 8

Certa vez, quando Jesus estava ensinando, os fariseus trouxeram uma mulher que havia sido pega com um homem que não era seu marido. “De acordo com as leis deixadas por Moisés, ela deveria ser apedrejada até a morte”, disseram eles. “O que você diz?” Pois eles queriam ver o que Jesus faria.

Jesus se inclinou e escreveu no chão. Após um longo período de silêncio, ele os olhou nos olhos. “Quem não cometeu pecado algum pode lançar a primeira pedra.” Então ele se inclinou novamente.

Ninguém disse uma palavra. As pessoas baixaram seus olhos, incomodadas, até que um dos homens deu meia volta e foi embora. Então outra pessoa saiu, discretamente, e mais outra, e logo apenas Jesus e a mulher restaram ali.

Jesus se levantou e disse à mulher: “Aonde foram todos? Não sobrou ninguém para te condenar?” Ela, amedrontadamente, balançou a cabeça. “Bem”, disse Jesus, “Eu também não te condeno. Vai para casa e não peques outra vez.” Então a mulher partiu para casa, cheia de alegria e gratidão por ter recebido uma segunda chance.

PERDÃO

Mateus 18

Jesus tentou fazer seus discípulos entenderem o quanto era importante o perdão. Pedro perguntou: "Senhor, quantas vezes eu devo perdoar alguém que fez algo errado contra mim? Até sete vezes?"

Jesus olhou para ele, direto nos olhos. "Não apenas perdoes essa pessoa sete vezes. Perdoa-a setenta vezes sete!", ele respondeu, e continuou: "O reino dos céus é como o senhor a quem um servo devia uma grande quantidade de dinheiro. O homem não podia pagar e implorou ao seu senhor por mais tempo. O bondoso senhor anulou a dívida e o mandou para casa.

A ESSE MESMO SERVO UM OUTRO SERVO DEVIA UMA PEQUENA QUANTIDADE DE DINHEIRO. E, QUANDO NÃO PÔDE PAGÁ-LO, ELE MANDOU QUE ATIRASSEM ESSE SERVO NA PRISÃO!

QUANDO O SENHOR SOUBE DISSO, CHAMOU AQUELE PRIMEIRO SERVO. 'VOCÊ FOI CRUEL E IMPIEDOSO', DISSE ELE. 'EU PERDOEI A SUA DÍVIDA, PORQUE VOCÊ ME IMPLOROU. VOCÊ NÃO DEVERIA TER SIDO MISERICORDIOSO, ASSIM COMO EU O FUI COM VOCÊ?' ENTÃO AQUELE SENHOR FICOU TÃO FURIOSO, QUE ENTREGOU O SERVO AOS CARCEREIROS ATÉ QUE ELE PUDESSE PAGAR DE VOLTA TUDO QUE DEVIA."

JESUS OLHOU PARA SEUS DISCÍPULOS. "É ASSIM QUE MEU PAI VOS TRATARÁ, A MENOS QUE PERDOEIS A VOSSO IRMÃO OU VOSSA IRMÃ DE TODO O CORAÇÃO."

O BOM PASTOR

João 10

As pessoas perguntavam a Jesus quem ele era, realmente, e ele explicava que era como um pastor de ovelhas. "O bom pastor faria qualquer coisa por suas ovelhas – até mesmo dar sua vida para salvá-las. Um empregado fugiria se visse um lobo vindo, mas o pastor nunca as abandonaria. As ovelhas o escutariam e o seguiriam para onde ele as conduzisse, mas nunca seguiriam um estranho."

"Eu sou o portão para as ovelhas. Eu deixarei entrar minhas próprias ovelhas. Eu conheço as minhas ovelhas e elas me conhecem. Eu daria a minha vida por elas por livre vontade, e por isso meu Pai me ama."

Quando as pessoas murmuraram que Jesus havia falado com pessoas que tinham feito coisas ruins, ele disse: "Imaginem que vocês tivessem cem ovelhas e uma delas se perdesse. Como vocês se sentiriam? Vocês não deixariam as outras noventa e nove a salvo e correriam para procurar a perdida? E quando a encontrassem, vocês não acham que ficariam tão emocionados que voltariam correndo para casa para comemorar? Da mesma maneira, haverá mais alegria no céu por um pecador que se arrependa do que por noventa e nove pessoas que não precisam de arrependimento."

O FILHO PERDIDO

Lucas 15

Jesus contou outra história para explicar como Deus ficava feliz quando os pecadores se voltavam para Ele: "Certa vez, havia um homem que tinha dois filhos. O mais novo pediu sua parte da herança para que pudesse sair pelo mundo, e logo gastou tudo se divertindo. Ele acabou trabalhando para um fazendeiro e estava tão faminto que às vezes gostaria de comer a comida que dava aos porcos! Mas por fim, ele percebeu seu erro e partiu para casa para dizer a seu pai o quanto estava arrependido. 'Não sou digno de ser filho dele', ele pensou, 'mas talvez ele me deixe trabalhar na fazenda.'

Quando seu pai o viu chegando, apressou-se a ir ao seu encontro e o abraçou. O jovem tentou lhe dizer que não era digno de ser chamado de seu filho, mas o pai disse aos seus servos para trazerem a túnica mais elegante para seu filho vestir e mandou matar o melhor bezerro para um banquete.

O filho mais velho ficou ofendido! Ele havia trabalhado duro para seu pai todo esse tempo, e ninguém jamais lhe tinha oferecido uma festa! Porém, quando seu irmão chegava tendo desperdiçado todo o seu dinheiro, seu pai não esperara para matar o bezerro gordo e dar-lhe as boas-vindas ao lar!

'Meu filho', disse o pai, 'você está sempre comigo, e tudo o que tenho é seu. Mas comemore comigo agora, pois o seu irmão estava morto para mim e está vivo outra vez; ele estava perdido e foi achado!' "

O HOMEM RICO E O MENDIGO

LUCAS 16

JESUS CONTOU OUTRA HISTÓRIA: "CERTA VEZ, HAVIA UM HOMEM RICO QUE VIVIA EM UMA MANSÃO, E CUJA MESA ERA FARTA COMO SE TODOS OS DIAS FOSSE UM BANQUETE. EM SEU PORTÃO JAZIA UM POBRE E FAMINTO MENDIGO CHAMADO LÁZARO, QUE DESEJAVA SE ALIMENTAR DAS MIGALHAS QUE CAÍAM DA MESA DO RICO! MAS O HOMEM RICO ERA EGOÍSTA, E NUNCA PARAVA PARA PENSAR NO POBRE LÁZARO. POR FIM, LÁZARO MORREU E OS ANJOS O LEVARAM PARA O LADO DE ABRAÃO, ONDE ELE NÃO SENTIA MAIS DOR OU FOME.

DEPOIS DE ALGUM TEMPO, O HOMEM RICO TAMBÉM MORREU, MAS NENHUM ANJO VEIO BUSCÁ-LO. ELE FOI ENVIADO PARA O LUGAR DAS PESSOAS MÁS. EM TORMENTO, IMPLOROU: 'PAI ABRAÃO, TENHA PIEDADE E MANDE LÁZARO MERGULHAR SEU DEDO NA ÁGUA E REFRESCAR A MINHA LÍNGUA, PORQUE ESTOU COM MUITA SEDE!'

MAS ABRAÃO RESPONDEU: 'FILHO, LEMBRE QUE VOCÊ RECEBEU AS SUAS COISAS BOAS EM SEU TEMPO NA TERRA, ENQUANTO LÁZARO SOFRIA GRANDEMENTE; MAS AGORA ELE É CONSOLADO AQUI E VOCÊ ESTÁ EM AGONIA.'

O HOMEM RICO SUPLICOU QUE SEUS IRMÃOS FOSSEM ALERTADOS, MAS ABRAÃO LHE DISSE QUE ELES JÁ TINHAM OS ESCRITOS DE MOISÉS E DOS PROFETAS PARA ADVERTI-LOS. SERIA CULPA DELES MESMOS SE NÃO MUDASSEM SEUS MODOS A TEMPO DE EVITAR O MESMO DESTINO DELE!"

O BOM SAMARITANO

Lucas 10

Certa vez, alguém perguntou a Jesus o que a lei queria dizer ao afirmar que "devemos amar aos nossos próximos como a nós mesmos". "Mas quem é o meu próximo?", perguntaram, e Jesus contou uma história:

"Um homem estava indo de Jerusalém a Jericó, quando foi atacado por ladrões que o espancaram e levaram tudo dele, antes de abandoná-lo à beira da estrada, quase morto. Logo um sacerdote passou por ele. Quando ele viu o homem, atravessou para o outro lado da estrada e continuou em seu caminho. Então um Levita passou. Ele também se apressou em seu percurso, sem parar.

A próxima pessoa a passar foi um Samaritano, do povo que era considerado inimigo dos Judeus. Mas quando este viajante viu o homem deitado e sangrando à beira da estrada, seu coração ficou cheio de compaixão. Ele se ajoelhou ao lado dele e, cuidadosamente, lavou e fez curativos em suas feridas, antes de levá-lo em seu jumento para uma hospedaria, onde deu dinheiro ao hospedeiro para cuidar do homem até que estivesse bem."

Jesus olhou para o homem que havia feito o questionamento, e perguntou quem ele achava que tinha sido bom com o homem machucado, ou seja, com seu próximo.

O homem, encabuladamente, respondeu: "Aquele que foi bondoso com ele."

Então Jesus lhe disse: "Vai, então, e sejas como ele."

MARTA E MARIA

Lucas 10

Jesus gostava muito de duas irmãs – Maria e Marta. Um dia, Jesus parou para visitá-las. Marta se apressou para garantir que tudo estivesse arrumado e limpo e preparou alimento. Mas Maria sentou-se aos pés de Jesus, escutando tudo o que ele dizia, não querendo perder uma única palavra.

Marta ficou zangada. "Senhor", ela disse a Jesus. "O Senhor não vai dizer para Maria me ajudar? Há tanto a ser preparado e ela está aí sentada, nada fazendo, enquanto eu faço todo o trabalho!"

"Marta", disse Jesus em uma voz suave, "você está se preocupando com coisas pequenas, mas elas não são o que realmente importa. A sua irmã compreende o que é verdadeiramente importante, e isso não será tirado dela." Ele estava tentando explicar que a coisa mais importante na vida é amar a Jesus e escutar as suas palavras.

LÁZARO VIVE

João 11

Jesus recebeu uma mensagem de Marta e Maria, contando a ele que o irmão delas, Lázaro, estava muito doente. Mas quando Jesus chegou à casa das irmãs, Lázaro estava morto. Marta chorou, dizendo: "Ó Senhor, se você estivesse aqui, meu irmão não teria morrido. Mas eu sei que Deus lhe dará qualquer coisa que você pedir."

Então Jesus disse, gentilmente: "Ele vai se levantar novamente. Aquele que acredita em mim viverá novamente, mesmo que tenha morrido."

Mas quando Maria chegou chorando, e Jesus viu os outros parentes chorando, então ele também chorou e pediu para ser levado ao sepulcro em que Lázaro havia sido colocado. Lá, disse aos homens para abri-lo.

Ora, Lázaro estava morto havia quatro dias, mas Jesus orou e deu graças a Deus. Então ele bradou: "Lázaro, saia!"

Todos observaram em silencioso espanto quando uma figura emergiu do sepulcro escuro, suas mãos e pés embrulhados em faixas de linho e um pano ao redor de seu rosto. Era Lázaro, e ele estava vivo!

OS HUMILDES SERÃO EXALTADOS

Lucas 18

Em outra ocasião, Jesus prestou atenção em seus discípulos. Alguns entre eles se achavam muito importantes. Então Jesus contou esta história: "Dois homens foram ao templo para orar. Um deles era um Fariseu, que sempre observava muito as leis, enquanto o outro era um desprezado cobrador de impostos. No templo, o Fariseu ficou de pé e orou: 'Deus, eu te agradeço por eu não ser como outras pessoas – ladrões, criminosos, adúlteros – ou até mesmo como esse cobrador de impostos. Eu jejuo duas vezes por semana e dou um décimo de tudo que obtenho!' Ele achava que era muito bom e muito melhor que qualquer outra pessoa!

Mas o cobrador de impostos se postou humildemente a distância. Ele nem sequer erguia seus olhos para o céu, mas batia em seu peito e dizia: 'Deus, tenha misericórdia de mim, pois não sou nada, apenas um miserável pecador.'"

Jesus olhou ao redor para aqueles que estavam escutando. "Não foi o Fariseu presunçoso que mereceu o amor de Deus e o perdão naquele dia: foi o humilde cobrador de impostos. Pois todos aqueles que se exibem e se acham importantes serão humilhados, e aqueles que se humilham serão exaltados."

O GOVERNANTE RICO

MATEUS 19; MARCOS 10; LUCAS 18

CERTA VEZ, UM RICO GOVERNANTE FOI PERGUNTAR A JESUS O QUE ELE PRECISAVA FAZER PARA HERDAR A VIDA ETERNA. JESUS DISSE QUE ELE TINHA QUE OBEDECER A TODOS OS MANDAMENTOS QUE MOISÉS HAVIA DADO, E O GOVERNANTE RESPONDEU: "TODAS ESSAS COISAS EU TENHO RESPEITADO DESDE QUE ERA UM MENINO."

JESUS OLHOU PARA ELE. "AINDA LHE FALTA UMA COISA. VENDA TUDO QUE VOCÊ TEM E DÊ AOS POBRES, E VOCÊ TERÁ TESOUROS NO CÉU. E ENTÃO VENHA E ME SIGA."

QUANDO OUVIU ISSO, O GOVERNANTE FICOU TRISTE, POIS ERA RICO. "COMO É DIFÍCIL UM RICO ENTRAR NO REINO DE DEUS!" JESUS DISSE. "NA VERDADE, É MAIS FÁCIL UM CAMELO PASSAR PELO BURACO DE UMA AGULHA DO QUE ALGUÉM QUE É RICO ENTRAR NO REINO DE DEUS."

MAS, ELE DISSE AOS SEUS DISCÍPULOS QUE TINHAM DEIXADO TUDO PARA TRÁS PARA SEGUI-LO: "TENHAM CERTEZA DE QUE QUALQUER UM QUE TENHA DEIXADO PARA TRÁS SUA CASA OU SEUS QUERIDOS POR MINHA CAUSA RECEBERÁ MUITO MAIS EM TROCA, ASSIM COMO A VIDA ETERNA."

OS ÚLTIMOS SERÃO OS PRIMEIROS

Mateus 20

Jesus contou uma parábola: "O reino dos céus é como o dono de uma vinha que saiu uma manhã para contratar trabalhadores. Ele concordou em pagar-lhes certa quantia de dinheiro por dia, e os colocou a trabalhar. Mais tarde, ele retornou à praça do mercado e contratou mais homens, e disse que lhes pagaria aquilo que seria justo. Ele fez a mesma coisa na hora do almoço e de tarde, e mais uma vez, perto das cinco horas. Quando veio a noite, ele disse ao seu capataz para pagar aos trabalhadores, começando pelos últimos contratados.

Os trabalhadores que foram contratados por último receberam a mesma quantia que tinha sido prometida aos primeiros trabalhadores. Então, quando vieram aqueles que tinham sido contratados primeiro, eles esperavam receber mais, e, ao não receberem mais, começaram a resmungar. 'Esses trabalharam apenas uma hora,' queixou-se um, 'e você lhes deu o mesmo que para aqueles de nós que trabalharam o dia inteiro, no calor escaldante!'

Mas o dono respondeu: 'Não estou sendo injusto. Vocês não concordaram em trabalhar por esse valor? Eu quero dar para aquele que foi contratado por último o mesmo que para vocês. Não tenho eu o direito de fazer o que quero com o meu próprio dinheiro? Ou vocês estão aborrecidos porque sou generoso?

Portanto, os últimos serão os primeiros, e os primeiros serão os últimos."

AS GAROTAS SÁBIAS E AS IMPRUDENTES

Mateus 25

Jesus tentou fazer seus discípulos entenderem que eles precisavam estar prontos a todo instante para a sua volta, pois nunca saberiam quando ela poderia ocorrer. Ele lhes contou uma história: "Uma vez, dez garotas estavam esperando para participar de uma festa de casamento. Cinco eram imprudentes e, quando trouxeram as lamparinas, não tinham óleo de reserva. As outras cinco garotas eram sensatas e trouxeram óleo de reserva. Era tarde e as garotas pegaram no sono, pois o noivo demorava a vir.

De repente, à meia-noite, um brado ecoou, pois o noivo estava chegando. Empolgadamente, as garotas foram acender suas lamparinas; mas as lamparinas das garotas imprudentes começaram a falhar, porque o óleo tinha acabado. Elas imploraram por mais óleo, mas as garotas sábias responderam: 'Não, porque não há suficiente para todas nós. Vocês terão que ir comprar mais óleo!' e elas partiram para se reunir com o noivo e entraram com ele para as festividades.

Quando as garotas imprudentes retornaram com as lamparinas acesas, a porta estava fechada e, embora batessem ruidosamente, foi-lhes dito: 'Vocês estão muito atrasadas. Não sabemos quem vocês são!'"

Jesus disse aos seus discípulos: "Estejam sempre prontos, porque vocês não sabem o dia ou a hora da minha volta!"

BARTIMEU, O CEGO

Mateus 20; Marcos 10; Lucas 18

Jesus estava passando por Jericó, a caminho de Jerusalém. Bartimeu, o cego, estava mendigando à beira da estrada, quando ouviu um grande tumulto ao seu redor. Quando soube que era Jesus de Nazaré, de quem ele havia ouvido tantas coisas maravilhosas, ele se levantou com esforço e bradou: "Jesus, Filho de Davi, tenha misericórdia de mim!"

As pessoas pediam que se calasse, mas ele continuava chamando. Jesus o ouviu e parou à beira da estrada. "O que você quer que eu faça por você?", ele gentilmente perguntou.

Bartimeu se ajoelhou. "Senhor, eu quero enxergar!", ele implorou.

"Receba a sua visão", disse Jesus. "A sua fé o curou." Imediatamente os olhos de Bartimeu foram desobstruídos e ele passou a ver tudo ao seu redor! Instantaneamente ele ficou de pé, num pulo, e seguiu Jesus, louvando a Deus. Quando as pessoas viram isso, elas também louvaram a Deus.

ZAQUEU NA ÁRVORE

Lucas 19

As ruas de Jericó estavam apinhadas de pessoas ávidas para dar uma espiada em Jesus. Entre elas havia um cobrador de impostos, chamado Zaqueu. Todo mundo odiava os cobradores de impostos, por acreditar que eles roubavam um tanto dos impostos para forrar seus próprios bolsos; então, ninguém lhe cedia lugar - ele era muito baixinho para enxergar por cima da multidão. Ele se sentia frustrado. Então, teve uma grande ideia: ele subiria em uma árvore! De seus galhos, ele poderia ver a procissão quando ela viesse pelo caminho, em sua direção.

Ele quase caiu do galho quando Jesus parou bem debaixo e disse: "Zaqueu, desça agora. Eu gostaria de ficar na sua casa hoje." Ele se precipitou para baixo e se curvou diante de Jesus, enquanto a multidão resmungava furiosamente, por Jesus estar querendo visitar um pecador!

Mas Zaqueu já era um homem transformado. Ele disse a Jesus: "Senhor! Eu vou dar metade de tudo que tenho para os pobres, e se tiver enganado alguém, em alguma coisa, eu restituirei quatro vezes a quantia!"

Então Jesus se voltou para a multidão e disse: "São pessoas perdidas como Zaqueu que eu vim salvar. Hoje ele encontrou a salvação!"

O PERFUME CARO

Mateus 26; Marcos 14; João 12

Certa noite, um pouco antes da Páscoa, Jesus estava jantando com seus discípulos e amigos em Betânia. Maria veio até ele, levando um jarro de perfume caro. Ajoelhando-se diante dele, ela cuidadosamente derramou o perfume sobre seus pés, usando seu próprio cabelo para enxugá-los. A casa inteira ficou tomada pela fragrância maravilhosa.

Alguns começaram a repreendê-la, porque o perfume poderia ter sido vendido para levantar dinheiro para os pobres. Mas Jesus os silenciou. "Ela fez algo bonito", disse ele. "Vocês sempre terão os pobres, e poderão ajudá-los a qualquer momento que quiserem. Mas vocês nem sempre terão a mim. As pessoas se lembrarão da bondade de Maria para comigo."

Porque Jesus não estaria com eles desta maneira por muito mais tempo. A fase final de seu período na terra estava prestes a começar.

JESUS ENTRA EM JERUSALÉM

Mateus 21; Marcos 11; Lucas 19; João 12

Jerusalém estava lotada. Era a semana da festa da Páscoa e todos tinham se reunido para celebrar. Também era hora de Jesus começar a última etapa da sua vida terrena.

Jesus entrou em Jerusalém montado em um simples jumento. Alguns de seus seguidores atiraram suas capas ou grandes folhas de palmeiras diante dele, no chão empoeirado, e ele se deparou com uma enorme multidão, pois muitos tinham ouvido sobre os milagres que ele havia feito.

Os líderes religiosos podiam temer e odiar Jesus, mas muitos do povo o viam, verdadeiramente, como o seu Rei, e tentavam dar-lhe as boas-vindas que se dariam a um rei.

Seus discípulos bradavam: "Hosana ao Filho de Davi! Bem-aventurado é o rei que vem em nome do Senhor!"

Mas Jesus estava triste, pois sabia que em muito pouco tempo essas pessoas que o saudavam se voltariam contra ele.

CONFUSÃO NO TEMPLO

Mateus 21; Marcos 11; Lucas 19

A primeira coisa que Jesus fez em Jerusalém foi visitar o templo de seu Pai. Ele ficou horrorizado ao descobrir que todas as pessoas gananciosas e trapaceiras que ele havia expulsado anteriormente estavam de volta, tentando ganhar dinheiro às custas das pessoas pobres que vinham fazer sacrifícios a Deus. Ele olhou ao redor com raiva e berrou: "Não! Deus disse que este templo era para ser um lugar

onde as pessoas de todas as nações pudessem vir para orar para Ele. Mas vocês o transformaram em um covil de ladrões!" E com estas palavras, ele correu pelo templo, expulsando todos os que não deveriam estar lá.

Quando ele havia terminado e o templo estava calmo e tranquilo de novo, os mendigos e os doentes começaram a voltar para o seu interior, e se aproximaram de Jesus, a fim de serem curados. As crianças dançavam de alegria ao redor dele, e todos estavam felizes – menos os fariseus, que tramavam se livrar de Jesus.

COM QUE AUTORIDADE?

Mateus 21; Marcos 12; Lucas 20

A cada dia, Jesus ia ao templo para ensinar seus discípulos, oferecer consolo e curar os doentes. Os sacerdotes, os doutores da lei e os anciãos não estavam felizes com isso.

"Com que autoridade você faz estas coisas?", eles lhe perguntaram, e Jesus respondeu: "Vou lhes fazer uma pergunta. Se vocês puderem me responder, então eu lhes direi com que autoridade estou fazendo estas coisas. Digam-me: o batismo de João era do céu ou dos homens?"

Os sacerdotes e anciãos não sabiam como responder. Se dissessem que era do céu, então ele perguntaria por que eles não acreditavam nele; mas se dissessem que era dos homens, então as pessoas se zangariam com eles, pois elas verdadeiramente acreditavam que João era um profeta. No final, eles resmungaram: "Nós não sabemos."

Jesus disse: "Então, eu não vou lhes dizer com que autoridade estou fazendo estas coisas."

OS ARRENDATÁRIOS MALDOSOS

Mateus 21; Marcos 12; Lucas 20

Jesus contou uma parábola: "Certa vez, um homem plantou uma vinha, arrendou-a para alguns lavradores e então foi embora. Na época da colheita, ele enviou um servo para receber a sua parte dos frutos. Mas os arrendatários bateram no servo e o mandaram embora sem nada. Ele enviou outro servo, mas novamente eles o espancaram e o mandaram embora de mãos vazias. Ele enviou um terceiro servo e esse foi morto!

Por fim, ele decidiu enviar seu filho querido. 'Certamente eles o respeitarão,' disse ele para si.

Mas quando os arrendatários o viram chegando, tramaram entre si. 'Este é o herdeiro,' disseram. 'Se nos livrarmos dele, então nos tornaremos os novos donos!' Então o lançaram para fora da vinha e o mataram."

Jesus olhou para os sacerdotes e os fariseus que estavam escutando. "O que vocês acham que o dono da vinha fará com os arrendatários quando ele descobrir isso?"

"Ele os matará e dará a vinha para outros que lhe darão sua parte de direito", eles responderam. Mas quando perceberam que Jesus estava falando a respeito deles, se sentiram enganados e furiosos!

DAI A CÉSAR...

Mateus 22; Marcos 12; Lucas 20

Os sumo sacerdotes e os fariseus enviaram espiões que tentavam encontrar evidências contra Jesus. Certa vez, eles perguntaram a ele: “Mestre, por favor, nos diga: é certo que paguemos os impostos a César ou não?” Eles acharam que o tinham pego em uma cilada, pois se ele respondesse que eles não deveriam pagar os impostos, então eles

poderiam entregá-lo aos romanos por motivo de rebelião, mas se ele respondesse que eles deveriam pagar os impostos, então ele se tornaria impopular entre as pessoas. Mas Jesus percebeu as trapaças deles. "Mostrem-me um denário*", ele disse. E quando alguém lhe deu uma moeda, ele perguntou: "Digam-me, de quem é a cabeça nesta moeda e de quem é a inscrição nela?" Os espiões responderam que era de César.

Então ele lhes disse: "Dai, pois, a César o que é de César, e a Deus o que é de Deus." E os espiões ficaram em silêncio.

* Moeda romana

A OFERTA DA VIÚVA

Marcos 12; Lucas 21

Jesus estava sentado no templo, observando as pessoas colocarem dinheiro nas caixas coletoras como ofertas a Deus. Muitas pessoas ricas colocavam várias moedas tinintes, garantindo que todos soubessem o quanto eles estavam sendo bons! Então se aproximou uma pobre viúva, com seus filhos pequenos usando roupas batidas e de pés descalços. Ela depositou duas pequenas moedas de cobre. Juntas, elas valiam menos que um centavo!

Jesus se voltou para seus discípulos. "Vocês estão vendo aquela viúva pobre?", perguntou. "A verdade é que ela deu muito mais do que qualquer outro aqui, hoje." Os discípulos olharam intrigados. Com certeza as moedas dela tinham sido quase sem valor!

Jesus tentou fazê-los compreender: "Todas aquelas pessoas ricas tinham tanto dinheiro que era fácil para elas darem enormes ofertas – elas ainda tinham muito sobrando. Ela, nitidamente, ama a Deus de todo o seu coração e confia Nele para cuidar dela, pois ela lhe deu tudo o que tinha."

ESTEJAM PRONTOS!

Mateus 24; Marcos 13; Lucas 21; João 2

Quando Jesus estava saindo do templo, alguns dos seus discípulos pararam para admirar a construção. "Estas construções podem parecer bem impressionantes", Jesus lhes disse. "Mas eu lhes digo que nenhuma pedra ficará de pé; elas serão todas derrubadas!"

Eles lhe perguntaram, depois, quando aquele tempo viria e que sinal haveria. "Vocês têm que estar atentos", Jesus respondeu. "Haverá muitos falsos profetas tentando enganá-los. Haverá guerras, terremotos e fome. Vocês têm que ficar a postos.

O evangelho precisa ser pregado pelo mundo inteiro. Vocês serão perseguidos e odiados, mas permaneçam firmes até o final e serão salvos. Quando eu vier, de fato, vocês terão de estar prontos. Assim como os servos que foram deixados para cuidar da casa de seu dono, quando ele está fora, vocês têm que ficar atentos. Pois vocês não sabem quando o dono voltará – poderá ser cedo, de manhã, tarde da noite, ou a qualquer hora. Não o deixem encontrá-los dormindo quando ele retornar!"

TRAIÇÃO

Mateus 26; Marcos 14; Lucas 22

Jesus sabia que os fariseus e aqueles que o odiavam e o temiam estavam aguardando qualquer oportunidade para prendê-lo. Ele passou os dias em Jerusalém no templo, mas a cada noite ele retornava para Betânia para dormir. Porém, até mesmo entre seus queridos discípulos havia um que seria seu inimigo.

Judas Iscariotes, o discípulo responsável pelo dinheiro, era desonesto. Ele guardava um tanto para si, em vez de dá-lo àqueles que precisavam do dinheiro.

Sua ganância fez com que ele fizesse uma coisa muito ruim. Judas foi até os sumo sacerdotes às escondidas e perguntou quanto eles lhe dariam se lhes entregasse Jesus.

Os sacerdotes não conseguiam acreditar no que ouviam! Eles sabiam que Judas era um dos discípulos mais próximos e mais confiáveis. Eles lhe ofereceram trinta peças de prata . . . e Judas aceitou! A partir de então, Judas ficou simplesmente aguardando uma oportunidade de entregar Jesus.

COMO UM SERVO

João 13

Era quase época da Páscoa, e um bondoso homem tinha reservado um aposento para os discípulos se prepararem para a festa. Naquela noite, quando eles estavam comendo, Jesus saiu da mesa, enrolou uma toalha ao redor de sua cintura, encheu uma bacia com água e então, ajoelhado no chão, começou a lavar e secar os pés dos discípulos, como se fosse um servo.

Os discípulos estavam atônitos, mas quando ele se ajoelhou diante de Simão

Pedro, o discípulo protestou: "Senhor, você não deve lavar meus pés!"

Jesus respondeu, gentilmente: "Você não compreende o que estou fazendo, mas mais tarde isto ficará claro para você. A menos que eu o lave, você realmente não pertencerá a mim." Então Pedro lhe implorou para lavar suas mãos e a cabeça também! Mas Jesus respondeu: "Se você tiver tomado banho, então só precisará lavar seus pés; o seu corpo está limpo."

Jesus tinha lavado os pés deles como um servo, para que pudessem aprender a fazer o mesmo um pelo outro.

A CEIA DO SENHOR

Mateus 26; Marcos 14; Lucas 22; João 13

Jesus sabia que logo teria que deixar seus discípulos. Ele estava triste e preocupado. "Em breve, um de vocês me trairá", disse ele, pesarosamente. Os discípulos se entreolharam, surpresos. De quem ele poderia estar falando?

"Aquele que umedece seu pão comigo, esse é o que me trairá", disse Jesus. E, quando Judas Iscariotes mergulhou seu pão na mesma tigela, Jesus disse, suavemente: "Vá e faça o que você tem a fazer", e Judas saiu. Mas os outros não compreenderam.

Então Jesus distribuiu um pouco de pão, dizendo: "Este é o meu corpo, que será partido." Em seguida, ele passou para todos uma taça de vinho, dizendo: "Bebam, este é o meu sangue, que tirará o pecado.", e ele lhes contou que em breve os deixaria.

Simão Pedro bradou: "Mas, Senhor, aonde você está indo? Por que não posso segui-lo? Eu prontamente daria minha vida pelo senhor!"

"Você daria mesmo, meu amigo?", disse Jesus, gentilmente. "E ainda assim você me negará três vezes antes que o galo cante!" Pedro ficou horrorizado. Ele achava que isso nunca poderia acontecer.

O CAMINHO PARA O PAI

João 14-15

Jesus tentou consolar os discípulos, dizendo que ele estava indo na frente para preparar um lugar para eles na casa de seu Pai, e que eles saberiam como encontrar o caminho para lá. Quando eles perguntaram como, ele respondeu: "Eu sou o caminho, a verdade, e a vida. O único caminho até o Pai é acreditando em mim. Se você realmente me conhece, conhecerá meu Pai também.

"Eu sou a videira e meu Pai é o agricultor. Ele retirará os galhos que não produzem frutos, mas cuidará daqueles que produzem. Vocês são os galhos, e produzirão frutos enquanto permanecerem em mim."

"Assim como o Pai me amou, assim eu amei a vocês. E eu lhes dou esta ordem: Amem-se uns aos outros, assim como eu amei cada um de vocês; e todos saberão que vocês são meus discípulos. Não existe amor maior do que alguém dar a vida por um de seus amigos.

E lembrem-se de que se o mundo parecer odiar vocês, ele me odiou primeiro. E por vocês não pertencerem a ele é que o mundo odiará vocês!"

UMA NOITE DE ORAÇÃO

Mateus 26; Marcos 14; Lucas 22; João 17

Jesus e os discípulos saíram da cidade para ir a um jardim sossegado, chamado Getsêmani. Jesus orou para seu Pai cuidar de seus discípulos, e por todos aqueles que nele viriam a crer por causa da mensagem que eles espalhariam pelo mundo inteiro.

Então Jesus foi para um lado, mas levou Pedro, Tiago e João com ele, pedindo-lhes para lhe fazerem companhia. Ele se afastou um pouquinho deles para orar em particular.

"Pai!", ele bradou, angustiado: "Se for possível, faça com que eu não tenha que passar por isso!" Porém, suas próximas palavras foram: "Todavia, que não seja feita a minha vontade, mas a sua vontade, Pai", porque Jesus sabia que Deus não o estava obrigando a fazer nada: ele tinha escolhido fazer aquilo por livre vontade.

Quando ele voltou para os seus discípulos, eles estavam dormindo. "Vocês, homens, não conseguem ficar acordados comigo sequer por uma hora?", ele lamentou.

Ele foi novamente conversar com seu Pai, mas quando retornou, os discípulos estavam dormindo profundamente, outra vez. Isso aconteceu mais uma vez, e desta vez, quando os acordou, Jesus disse: "É chegada a hora. Vocês precisam se levantar, porque aquele que me traiu está aqui!"

TRAÍDO COM UM BEIJO

Mateus 26; Marcos 14; Lucas 22; João 18

Uma multidão irrompeu no jardim, muitos armados. O líder deles era Judas Iscariotes. Ele havia dito aos sumo sacerdotes que beijaria Jesus para que eles soubessem a quem prender, e assim que Judas se aproximou dele, Jesus disse, tristemente: "Ó Judas, você trairia o Filho do Homem com um beijo?"

Pedro desembainhou sua espada, mas Jesus lhe disse para guardá-la, e permitiu que os soldados o prendessem. "Sou eu aquele que vocês vieram buscar", disse ele, quietamente. "Deixem estes outros ir. Não havia necessidade de vocês virem aqui com espadas e paus. Vocês poderiam facilmente ter me levado quando eu estava nos pátios do templo."

Quando os discípulos perceberam que Jesus estava permitindo ser levado prisioneiro, fugiram de medo e desespero.

O GALO CANTA

Mateus 26; Marcos 14; Lucas 22; João 18

Quando os soldados levaram Jesus para ser interrogado, Simão Pedro os seguiu até o pátio do sumo sacerdote, onde ele aguardou do lado de fora, miseravelmente, junto aos guardas que se aqueciam numa fogueira. Quando uma das servas estava passando por ali, ela avistou Pedro perto da fogueira. "Você não estava com Jesus de Nazaré?", ela lhe perguntou. "Tenho certeza de que vi você com ele."

"Não, você viu o homem errado!", Pedro sussurrou, quietamente, esperando que ninguém mais tivesse ouvido, pois ele temia o que aconteceria se eles acreditassem que ele era um dos discípulos de Jesus.

A serva encolheu os ombros e foi embora, mas na volta, ela disse para um dos guardas: "Você não acha que ele se parece com um dos seguidores de Jesus?"

"Eu lhe disse, não tenho nada a ver com ele!", disse Pedro, apavorado.

Agora os outros guardas estavam olhando para ele. "Você deve ser um deles", disse um. "Posso dizer pelo seu sotaque que você é da Galileia."

"Eu juro que nunca sequer o conheci!", gritou Pedro, com seu coração disparado. Naquele exato momento, um galo cantou e Pedro se lembrou do que Jesus havia dito. Então sucumbiu e chorou de tristeza.

PASSADO DE MÃO EM MÃO

Mateus 27; Marcos 15; Lucas 23; João 18

Os sacerdotes e fariseus passaram a noite interrogando Jesus. Eles o questionaram se ele era o Messias, o Filho de Deus, e Jesus respondeu: "Vocês disseram assim. Mas de agora em diante, vocês verão o Filho do Homem sentado à direita de Deus."

Eles ficaram furiosos, mas somente o governador romano, Pôncio Pilatos, poderia ordenar sua morte. Então eles o arrastaram até Pilatos,

MAS, EMBORA FIZESSE MUITAS PERGUNTAS A JESUS, PILATOS NÃO CONSEGUIA ENCONTRAR MOTIVO PARA QUE FOSSE MORTO. "MAS ELE É UM AGITADOR!", QUEIXARAM-SE OS SACERDOTES. "ELE COMEÇOU NA GALILEIA E CHEGOU ATÉ AQUI!"

QUANDO PILATOS SE DEU CONTA DE QUE JESUS VIERA DA GALILEIA, ELE VIU UMA MANEIRA DE SE LIVRAR DO PROBLEMA, POIS HERODES ESTAVA NO COMANDO DAQUELA REGIÃO. ENTÃO JESUS FOI LEVADO DIANTE DE HERODES. MAS NÃO IMPORTAVA QUANTAS PERGUNTAS HERODES FIZESSE, JESUS PERMANECIA SÉRIO E EM SILÊNCIO. POR FIM, HERODES FICOU CANSADO DO SILÊNCIO DELE. ENTÃO ELE E SEUS SOLDADOS ZOMBARAM DE JESUS, ANTES DE ENVIÁ-LO DE VOLTA A PILATOS.

PILATOS LAVA AS MÃOS

Mateus 27; Marcos 15; Lucas 23; João 18

Pilatos estava sob pressão para pedir a execução de Jesus, mas havia uma saída possível. Durante a Páscoa, era costume libertar um prisioneiro. Naquela época, havia um homem chamado Barrabás na prisão, por rebelião e assassinato. Pilatos chamou os sacerdotes e o povo diante dele e perguntou a quem eles queriam que ele libertasse, e a multidão respondeu: "Barrabás!" pois lhes fora dito que assim o dissessem.

"O que devo fazer com aquele que vocês chamam de Rei dos Judeus?", Pilatos lhes perguntou.

"Crucifique-o!", berrou a multidão.

"Mas, por quê?", continuou Pilatos. "Que crime cometeu?" porém a multidão apenas gritou mais alto ainda.

Pilatos não queria ordenar a execução – mas também não queria uma revolta! Ele pediu que trouxessem uma tigela de água e lavou suas mãos nela, para mostrar que não era responsável pela morte de Jesus. Depois mandou soltar Barrabás, e entregou Jesus para ser crucificado.

ESCARNECIDO

Mateus 27; Marcos 15; Lucas 23; João 19

Jesus foi levado embora pelos soldados. "Já que você é o Rei dos Judeus, vamos vesti-lo para a ocasião!", eles zombaram, e o vestiram com uma túnica roxa, a cor usada pelos reis, e colocaram uma coroa de galhos espinhentos sobre sua cabeça. Depois o espancaram e cuspiram em seu rosto, antes de colocá-lo de volta em suas próprias roupas e de guiá-lo pelas ruas em direção ao Gólgota, lugar onde ele seria crucificado.

Eles o fizeram carregar uma cruz de madeira sobre as costas, mas ela era grande e pesada, e Jesus foi espancado terrivelmente. Quando ele já não aguentava mais, eles pegaram alguém da multidão para carregá-la para ele. E assim a terrível procissão seguiu seu caminho para fora da cidade, até a colina do Gólgota.

A CRUCIFICAÇÃO

Mateus 27; Marcos 15; Lucas 23; João 19

Os soldados pregaram suas mãos e pés na cruz e colocaram sobre sua cabeça uma tabuleta dizendo: 'JESUS DE NAZARÉ, REI DOS JUDEUS'. Quando ergueram a cruz, Jesus gritou: "Pai, perdoe-os. Eles não sabem o que estão fazendo."

Dois ladrões foram crucificados ao lado dele. O primeiro escarneceu dele, mas o outro lhe disse: "Fique quieto! Nós merecemos o nosso castigo, mas este homem não fez nada de errado." Então voltou-se para Jesus e disse: "Por favor, lembre-se de mim quando o senhor entrar em seu reino." E Jesus prometeu que o ladrão estaria com ele naquele dia, no paraíso.

Os guardas lançaram a sorte para ver quem ganharia as vestes de Jesus, enquanto os sacerdotes e fariseus o insultavam. "Se você descer da cruz agora, nós acreditaremos em você!", eles zombaram.

A MORTE DE JESUS

Mateus 27; Marcos 15; Lucas 23; João 19

Ao meio-dia, uma sombra passou pelo sol e a escuridão caiu sobre a terra por três longas horas. Às três horas da tarde, Jesus gritou em voz alta: "Meu Deus, por que me desamparaste?" Então ele deu um grande brado: "Está consumado!" e com estas palavras, entregou seu espírito.

Naquele momento a terra tremeu, e a cortina no templo sagrado foi rasgada de cima a baixo. Quando os soldados romanos sentiram o chão se movimentar debaixo de seus pés e viram como Jesus havia falecido, ficaram profundamente abalados. "Certamente ele era o Filho de Deus!", sussurrou um dos soldados, espantado.

O SEPULTAMENTO

Mateus 27; Marcos 15; Lucas 23; João 19

Por ser o dia seguinte um sábado especial, os líderes Judeus não queriam que os corpos ficassem nas cruzes, e por isso pediram para Pilatos que os tirasse dali. Um homem chamado José de Arimateia pediu permissão para levar embora o corpo de Jesus, e assim os discípulos de Jesus, cuidadosamente, enfaixaram o corpo em linho e especiarias, e então o colocaram em um túmulo que José havia construído para si próprio. Em seguida, rolaram uma grande pedra para a frente da entrada do túmulo e partiram tristemente.

Mas logo no dia seguinte, os sumo sacerdotes e os fariseus foram até Pilatos e pediram para colocar um guarda no túmulo e o selá-lo, pois eles se lembraram que, quando estava vivo, Jesus tinha dito: "Depois de três dias eu me levantarei novamente", e eles acreditavam que seus discípulos pudessem vir e roubar o corpo, e então tentar persuadir o povo dizendo que Jesus havia ressuscitado dos mortos. Pilatos lhes disse que pusessem guardas na tumba, e assim eles fizeram.

O TÚMULO VAZIO

Mateus 28; Marcos 16; Lucas 24; João 20

Bem cedo no primeiro dia da semana, antes de o sol ter nascido totalmente, Maria Madalena e algumas outras mulheres foram ungir o corpo. Quando elas chegaram perto do túmulo, a terra estremeceu, os guardas foram jogados ao chão, e as mulheres viram que a pedra tinha sido removida da entrada. E dentro do túmulo, cintilando mais brilhantemente que o sol, estava um anjo!

As mulheres, aterrorizadas, caíram de joelhos, mas o anjo disse: "Por que vocês estão procurando o vivo entre os mortos? Ele não está aqui – ele ressuscitou! Vocês não se lembram que ele lhes disse que isso aconteceria? Olhem e vejam, e então vão e contem aos discípulos dele que ele os encontrará na Galileia, como prometeu."

Então as mulheres foram depressa contar aos discípulos as novidades. Com medo, porém cheias de alegria.

VIVO!

Mateus 28; Marcos 16; João 20

Maria Madalena ficou do lado de fora do túmulo. Pedro e um dos outros discípulos vieram e, vendo as faixas de linho, partiram admirados e confusos. Agora Maria Madalena estava sozinha. Ela sentia muita falta de Jesus.

Foi então que ela ouviu passos atrás dela, e um homem perguntou: "Mulher, por que você está chorando? Quem você está procurando?"

Achando que deveria ser o jardineiro, ela implorou: "Senhor, se você o moveu para outro lugar, por favor, me diga onde ele está e eu o buscarei."

O homem somente falou seu nome: "Maria", e instantaneamente ela se virou. Maria Madalena reconheceu aquela voz clara e gentil!

"Mestre!", falou ela, ofegante, e foi em direção a Jesus.

Jesus disse: "Não se firme em mim, pois eu ainda não subi ao meu Pai. Vá e conte aos outros!" Então, Maria Madalena saiu depressa com as incríveis notícias de que ela havia visto Jesus vivo!

UM ESTRANHO NA ESTRADA

Marcos 16; Lucas 24

Naquele mesmo dia, dois dos discípulos de Jesus estavam viajando pela estrada empoeirada de Jerusalém até um vilarejo. Eles não conseguiam parar de falar sobre os últimos dias. Logo um outro homem se aproximou deles e perguntou sobre o que estavam conversando.

"Por onde você tem andado?", eles perguntaram, espantados, e continuaram lhe contando empolgadamente tudo sobre Jesus, as coisas incríveis que ele havia ensinado e os milagres que ele tinha feito. Então, mais melancolicamente, eles contaram sobre sua morte e desaparecimento do túmulo.

"Como vocês são lentos para acreditar no que os profetas lhes disseram!", disse o estranho. "Vocês não veem que o Messias tinha que sofrer estas coisas e então entrar em sua glória?" E ele começou a lhes falar sobre tudo que havia sido dito nas Escrituras sobre Jesus. Eles estavam encantados, pois ele tornava tudo muito claro.

No vilarejo, insistiram para que o estranho jantasse com eles. Quando estavam comendo, ele pegou um pouco de pão e, dando graças por ele, o partiu em pedaços e o passou para eles. De repente, eles perceberam quem realmente era aquele estranho – o próprio Jesus! E então ele desapareceu!

Os discípulos correram depressa de volta a Jerusalém. Eles não podiam esperar para contar aos discípulos as boas notícias.

Tomé, o desconfiado

Lucas 24; João 20

Naquela mesma noite, Jesus apareceu aos discípulos. Primeiro, eles não conseguiam acreditar. Seria ele um fantasma? Mas ele falou com eles, tranquilizando-os, e lhes mostrou suas mãos e pés com suas cicatrizes. "Toquem-me e vejam", disse ele. "Um fantasma não tem carne e ossos!" Então ele continuou explicando as Escrituras para eles, que ficaram cheios de alegria e admiração.

Só que Tomé não estava com eles quando Jesus apareceu, e quando eles tentaram lhe contar sobre isso, ele não acreditou. "A menos que eu coloque meu dedo onde os pregos estiveram e toque em sua ferida lateral, não vou acreditar."

Uma semana depois, Tomé estava com os discípulos quando, de repente, Jesus surgiu entre eles, novamente.

Voltando-se para Tomé, ele disse: "Coloque o seu dedo nas feridas das minhas mãos. Estenda o braço e sinta minha ferida lateral. Pare de duvidar e creia!"

Tomé caiu sobre os joelhos, tomado de alegria. Agora ele acreditava!

Jesus disse: "Você somente creu porque você mesmo me viu. Bem-aventuradas são as pessoas que creram sem terem sequer visto!"

CAFÉ DA MANHÃ COM JESUS

João 21

Logo depois disso, alguns dos discípulos foram pescar, mas de manhã voltaram de mãos vazias. Quando se aproximaram da praia, um homem chamou: "Vocês não pegaram nada, meus amigos?" Quando eles acenaram suas cabeças negativamente, ele lhes disse para lançarem sua rede no lado direito do barco. Embora sem acreditar muito na sugestão, eles assim o fizeram, e ficaram espantados quando a rede ficou tão cheia de peixes e tão pesada que quase não conseguiram puxá-la de dentro da água!

"É Jesus!", gritou João, e Simão Pedro saltou para dentro da água!

Os outros seguiram no barco, e quando eles desembarcaram, viram que Jesus estava preparando uma refeição para eles. Ele lhes disse para trazerem mais peixe para assar – eles tinham muitos!

Depois de comerem, Jesus se voltou para Simão Pedro e perguntou se ele o amava bastante. O discípulo respondeu: "Sim, Senhor", mas ele estava muito envergonhado, lembrando-se de como havia negado Jesus. Jesus fez a mesma pergunta mais duas vezes. Então Simão Pedro disse, com mágoa na voz: "Senhor, você sabe de tudo; você sabe que eu o amo."

Jesus disse: "Então, tenho um trabalho para você. Você vai cuidar dos meus discípulos. Simão Pedro se tornaria um importante líder nos anos vindouros.

A ASCENSÃO

Marcos 16; Lucas 24; Atos 1

Jesus e seus discípulos estavam em uma ladeira fora de Jerusalém. Havia chegado a hora de Jesus partir do mundo. No período desde sua ressurreição, ele tinha deixado muitas coisas mais claras para eles, e havia lhes contado um pouco sobre o que o futuro reservaria.

Jesus se voltou para seus discípulos e disse: "Vocês têm que ficar aqui em Jerusalém por enquanto, e aguardar pela dádiva que meu Pai lhes prometeu, pois logo vocês serão batizados com o Espírito Santo. Então vocês devem espalhar a minha mensagem não apenas em Jerusalém, Judeia e Samaria, mas em todas as nações."

Ele ergueu suas mãos para abençoá-los e então, diante dos olhos deles, ele foi levado para o céu, e uma nuvem o tirou.

Enquanto estavam olhando para o alto, admirados, de repente dois homens vestidos de branco se puseram ao lado deles. "Por que vocês estão olhando para o céu? Jesus foi tomado de vocês e levado ao céu, mas ele haverá de vir outra vez, da mesma maneira que vocês o viram partir!"

O ESPÍRITO SANTO

Atos 2

Fazia dez dias que Jesus tinha subido aos céus. Os doze discípulos (pois eles haviam escolhido um homem chamado Matias para se juntar a eles no lugar de Judas Iscariotes) estavam reunidos quando, repentinamente, a casa foi tomada pelo som de um vento forte, vindo do céu.

Conforme observavam, espantados, línguas de fogo pareciam repousar sobre cada pessoa ali. Eles foram todos cheios do Espírito Santo e começaram a falar em idiomas diferentes – idiomas que eles nunca haviam falado antes ou estudado!

Ao ouvir o tumulto, uma grande multidão se reuniu do lado de fora.

Grande foi o espanto deles quando os discípulos saíram e começaram a falar em idiomas diferentes! "Como pode ser isso?", eles exclamaram. "Há pessoas aqui da Ásia e do Egito, da Líbia e de Creta, de Roma e da Arábia – como podemos todos nós escutá-los usando os nossos próprios idiomas para nos falar sobre Deus?"

Algumas pessoas só queriam caçoar daquilo que estava acontecendo. "Todos eles andaram bebendo vinho demais!", eles zombaram.

NOVOS DISCÍPULOS

Atos 2

Então Pedro deu um passo à frente. "Escutem!", bradou ele. "É claro que não estamos bêbados – fomos preenchidos com o Espírito Santo! Apenas algumas semanas atrás Jesus de Nazaré morreu em uma cruz. Todavia, qualquer um de nós pode contar a vocês que Deus fez Jesus se levantar para a vida! Tudo isso foi parte do plano de Deus. Vocês sabem que Jesus foi enviado a vocês por Deus, pois ele fez muitos milagres e mostrou a vocês muitos sinais. Mas Deus tinha planejado que Jesus seria entregue a vocês, então vocês o rejeitaram e o fizeram ser assassinado por homens maus. Porém, a morte não pôde detê-lo! Deus tornou este Jesus, a quem vocês crucificaram, Senhor e Messias!"

O povo parecia preocupado e perturbado. O que eles tinham feito? E como eles podiam tornar isso melhor?

"Se vocês realmente lamentam isso", Pedro prosseguiu, "então se arrependam. Sejam batizados em nome de Jesus Cristo e os seus pecados serão perdoados. E vocês receberão o dom do Espírito Santo. Esta promessa não é apenas para vocês, mas para os seus filhos também, e para as pessoas que estiverem bem distantes – o dom de Deus é para todos!"

TRANSTORNO!

ATOS 3-4

UM HOMEM SENTADO MENDIGAVA DO LADO DE FORA DOS PORTÕES DO TEMPLO. ELE ERA ALEIJADO E PASSAVA TODOS OS DIAS ALI, ESPERANDO POR UMA OU DUAS MOEDAS DE SOBRA. AÍ, QUANDO PEDRO E JOÃO PASSARAM POR ALI, ELE OLHOU PARA CIMA, ESPERANÇOSAMENTE.

PEDRO PAROU. "RECEIO QUE EU NÃO TENHA NENHUMA MOEDA", ELE DISSE. "MAS EU POSSO LHE DAR ALGO MUITO MELHOR!" VISTO QUE O HOMEM ALEIJADO OLHAVA, INTRIGADO, PEDRO CONTINUOU: "EM NOME DE JESUS CRISTO, EU LHE ORDENO QUE SE LEVANTE E ANDE!" E, PARA O ESPANTO DE TODOS, ELE O AJUDOU A SE LEVANTAR. O HOMEM TENTOU DAR UNS POUCOS PASSOS CAUTELOSOS, E ENTÃO MAIS ALGUNS, E POR FIM CAMINHOU DIRETO PARA O TEMPLO, PARA DAR GRAÇAS A DEUS!

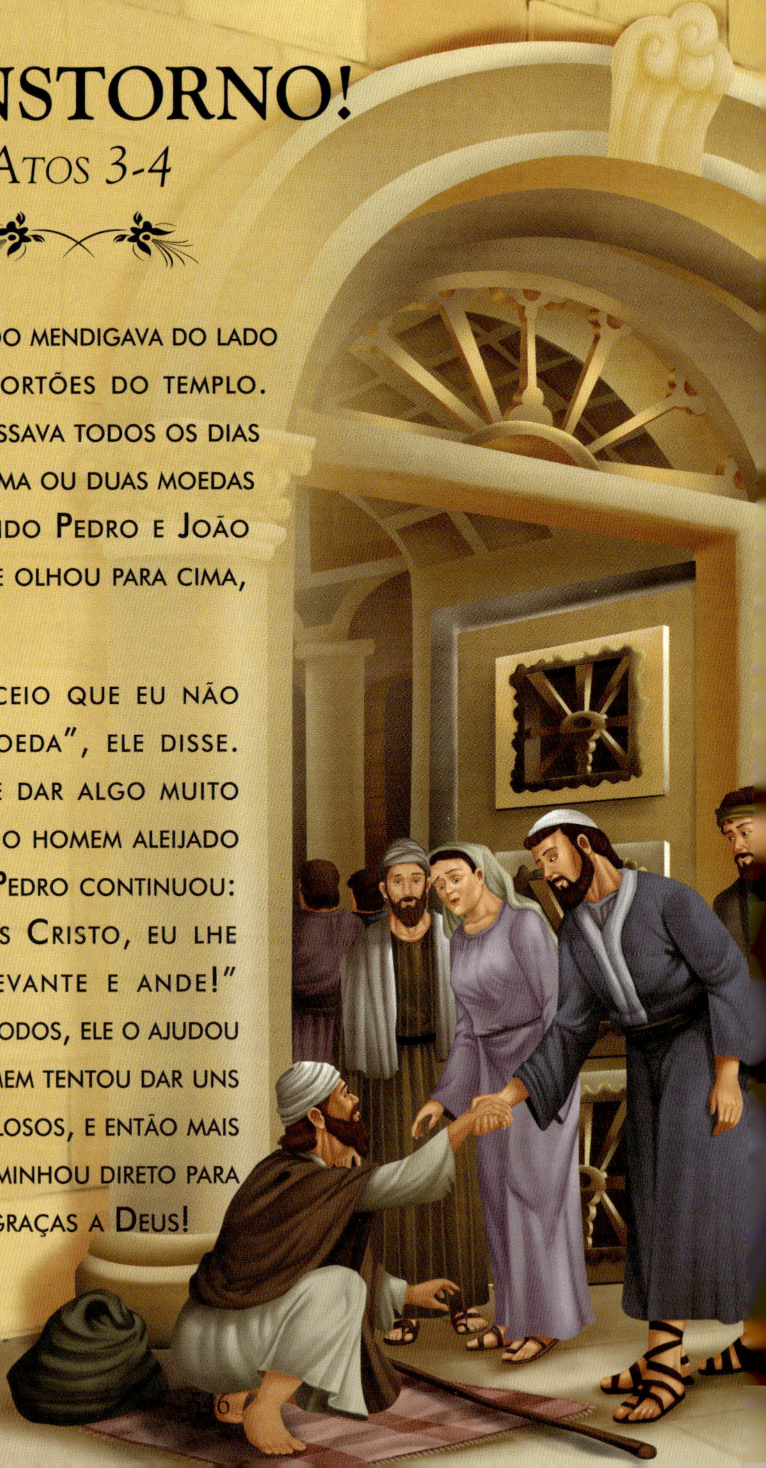

Mas, quando os líderes judeus ouviram isso, lançaram Pedro e João na prisão, perguntando-lhes na manhã seguinte: "Quem deu a vocês o direito de fazer isso?"

"Foi em nome de Jesus Cristo que este homem foi curado", respondeu Pedro. E quando os sacerdotes lhe disseram para não falar mais nada sobre Jesus, ele respondeu, corajosamente: "O que vocês acham que seria o certo – fazermos assim como vocês nos dizem ou como Deus nos pede? De qualquer maneira, nós simplesmente não podemos parar de falar sobre o que temos visto e ouvido!" Por fim, os dois homens foram soltos.

LIBERTADO POR UM ANJO

Atos 5

Depois disso, os apóstolos se reuniam todos os dias para falar para as pessoas sobre Jesus e curar o povo em seu nome. Muitas pessoas se tornaram cristãs, e os líderes judeus ficaram muito zangados. Eles queriam que o povo os escutasse – não aos apóstolos!

Um dia, eles jogaram os apóstolos na prisão. Mas durante a noite um anjo abriu as portas da prisão e os tirou dali, dizendo-lhes que voltassem aos tribunais do templo, e que espalhassem a mensagem deles.

Os sacerdotes mandaram buscá-los na manhã seguinte, simplesmente para descobrir que a prisão estava trancada, mas a cela, vazia! Quando os apóstolos foram descobertos e levados diante deles, os sacerdotes os acusaram de desobedecer suas instruções. Mas Pedro e os outros corajosamente responderam: "Temos que obedecer a Deus, em vez de a seres humanos!"

Alguns sacerdotes queriam que eles fossem executados, mas um deles disse, sabiamente: "Se eles estão apenas fomentando a rebelião, no fim tudo vai fracassar. Mas se eles realmente são de Deus, então vocês não serão capazes de detê-los, e se acharão lutando contra Deus!" Então os apóstolos foram liberados, sob severas instruções para não falarem mais sobre Jesus – mas é claro que eles falaram!

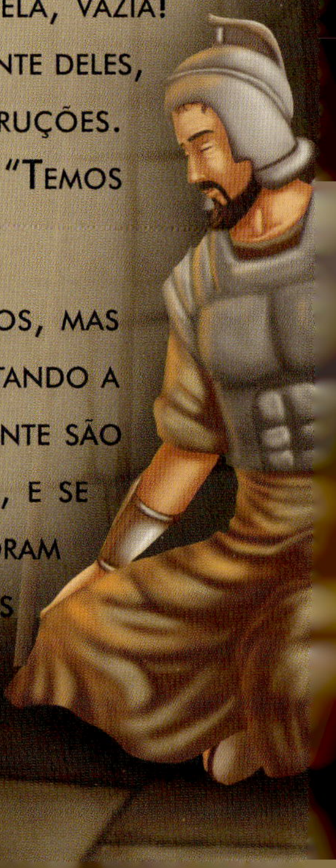

MENTINDO PARA DEUS

Atos 5

Muitos vieram a crer em Jesus. Eles cooperavam mutuamente, compartilhando o que tinham: alguns até vendiam as casas e terras para que o dinheiro pudesse ser usado onde fosse mais necessário. Mas nem todo crente novo era honesto. Ananias e sua esposa, Safira, venderam parte da terra deles. Eles decidiram ficar com uma parte do dinheiro para eles e dar o restante para Pedro – acreditando que ele nunca saberia.

Mas quando Ananias trouxe o dinheiro, Pedro olhou para ele nos olhos e disse: "Por que você mentiu e reteve uma parte? A terra era sua antes de você vendê-la, e o dinheiro era de vocês também. Por que mentir? Vocês não mentiram apenas para mim, mas para o próprio Deus!" E Ananias caiu morto naquele instante!

Quando sua esposa chegou um pouco depois, e não sabendo do ocorrido, Pedro perguntou se ela tinha lhe dado todo o dinheiro, e assim que ela respondeu 'sim', ele suspirou. "Puxa, Safira, como você pode mentir assim? Você não consegue ouvir aquele som?" (Ouviam-se passos do lado de fora do aposento). "Aqueles homens acabaram de enterrar o seu marido – e agora eles vão levar o seu corpo embora também!" E com isso, Safira caiu no chão, morta!

A história do casal de mentirosos se espalhou por toda parte e encheu

TODOS DE MEDO E PAVOR.

APEDREJADO ATÉ A MORTE

Atos 6-7

Estêvão era um dos sete homens bons e sábios encarregados de dividir tudo entre os novos cristãos. Ele era cheio do Espírito Santo e fazia maravilhas tais, que logo fez inimigos entre aqueles que odiavam Jesus. Ele foi levado diante do Conselho Judaico, onde testemunhas falsas forneceram evidências contra ele.

Estêvão enfrentou seus acusadores corajosamente; seu rosto cintilava brilhantemente, como o rosto de um anjo. "Ao longo da nossa história vocês têm perseguido os nossos profetas e se recusado a escutá-los. Agora vocês traíram e assassinaram o maior mensageiro de Deus. A lei lhes foi dada pelos anjos, e ainda assim vocês não a obedeceram!" Cheio do Espírito Santo, ele continuou: "Olhem para cima! Eu posso ver o céu e o Filho do Homem de pé, à direita de Deus!"

Isso era demais para o Conselho. Eles arrastaram Estêvão para fora da cidade e começaram a apedrejá-lo.

Mas mesmo quando o estavam apedrejando, Estêvão orou: "Senhor Jesus, receba o meu espírito." Então ele caiu sobre os joelhos e bradou: "Senhor, não lhes impute este pecado!" E tendo dito estas palavras, faleceu.

FILIPE E OS ETÍOPES

Atos 8

Um dos espectadores era um homem chamado Saulo, que odiava os discípulos de Jesus. Ele queria pôr um fim à pregação deles e acreditava que estava fazendo a vontade de Deus. Muitos cristãos tinham fugido para evitar o aprisionamento, mas eles difundiam a palavra aonde quer que fossem.

Entre eles estava Filipe. Chamado por um anjo para viajar para o sul de Jerusalém, Filipe deparou com um homem rico e poderoso, o tesoureiro da rainha da Etiópia, que estava lendo o Livro de Isaías enquanto viajava em sua carruagem elegante.

O etíope estava frustrado: ele estava lendo as palavras de Isaías, que narravam como o servo de Deus fora conduzido tal qual uma ovelha ao matadouro, e queria saber de quem o profeta estava falando. Filipe explicou que aquilo fora escrito a respeito de Jesus, e prosseguiu contando-lhe tudo sobre o Filho de Deus.

O oficial queria se tornar cristão imediatamente, e assim Filipe o batizou em um rio, na beira da estrada! Deus levou Filipe embora para pregar o evangelho em muitos outros lugares, mas o etíope manteve seu jeito, repleto de alegria e felicidade.

A ESTRADA PARA DAMASCO

Atos 9

Entretanto, Saulo ainda estava determinado a deter os discípulos de Jesus. Sabendo que muitos tinham escapado para a cidade de Damasco, ele partiu para prendê-los. De repente, uma luz ofuscante, vinda do céu, reluziu. Saulo caiu ao chão, cobrindo os olhos. Então ele ouviu uma voz dizer: "Saulo, por que você continua a me perseguir?"

Saulo começou a tremer. Ele tinha ideia de quem estava lhe falando, mas teve que perguntar.

"Eu sou Jesus", respondeu a voz. "Levante-se e vá para a cidade, e lhe será dito o que deve fazer."

Saulo levantou-se com esforço, mas quando abriu os olhos, não conseguiu ver coisa alguma! Seus guardas tiverem que lhe dar a mão e conduzi-lo até a cidade. Lá ele ficou por três dias sem comer ou beber, usando seu tempo em oração.

UM HOMEM TRANSFORMADO

Atos 9

Deus tinha grandes planos para Saulo. Ele enviou um cristão chamado Ananias para a casa em que ele estava hospedado. Quando chegou lá, Ananias colocou suas mãos sobre Saulo, dizendo: "Jesus me enviou para que você possa enxergar novamente, e seja cheio do Espírito Santo!" Imediatamente, foi como se escamas tivessem caído de seus olhos, e Saulo pôde enxergar mais uma vez! Ele se levantou e foi batizado.

Saulo (ou Paulo – pois ele ficou conhecido pela versão romana de seu nome) começou a espalhar as boas-novas sobre Jesus em Damasco,

E AS PESSOAS FICAVAM MARAVILHADAS, POIS ELE JÁ TINHA SIDO O MAIOR INIMIGO DOS CRISTÃOS. MAS ENQUANTO SEUS INIMIGOS SE TORNARAM SEUS AMIGOS, SEUS ANTIGOS AMIGOS LOGO SE TORNARAM SEUS INIMIGOS, E ELE TEVE QUE FUGIR À NOITE, ESCONDIDO EM UM CESTO GRANDE QUE FOI BAIXADO SOBRE OS MUROS DA CIDADE. ELE RETORNOU A JERUSALÉM E PROSSEGUIU PARA SE TORNAR UM DOS MAIORES ENTRE TODOS OS APÓSTOLOS.

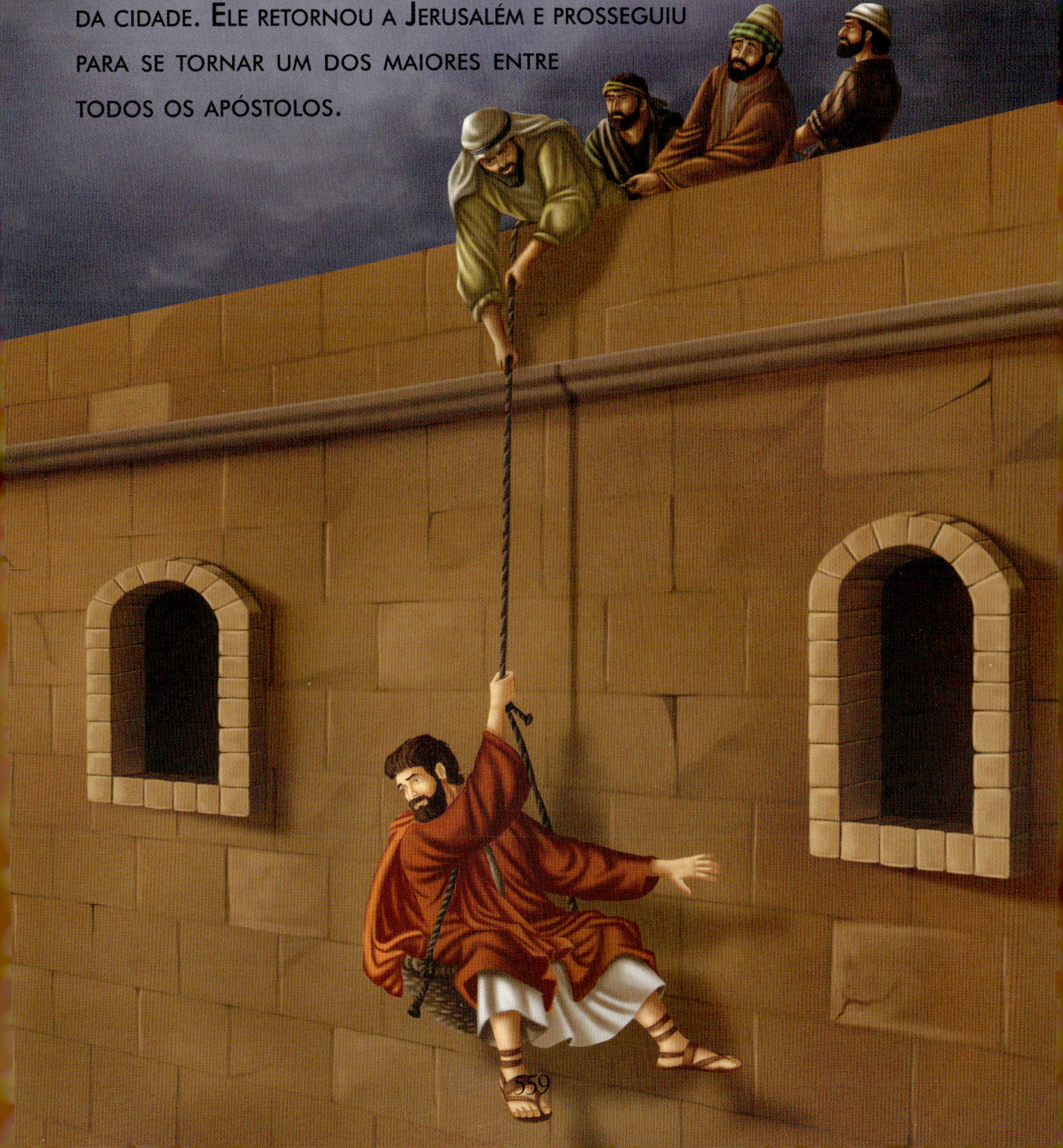

PEDRO E TABITA

Atos 9

A bondosa Tabita (em grego seu nome era Dorcas) vivia em Jope. Ela passava seus dias ajudando os outros, especialmente os pobres, para quem ela fazia roupas. Infelizmente, ela ficou doente e faleceu. Os outros cristãos lamentaram por ela, amargamente. Eles ternamente lavaram seu corpo e a colocaram em um aposento para aguardar o enterro.

Os amigos de Tabita enviaram uma mensagem a Pedro, implorando-lhe para vir. Quando entrou no aposento no qual eles haviam colocado o corpo dela, Pedro deparou com uma multidão de viúvas chorando.

Ele as confortou, e então pediu que saíssem do quarto. Assim que ficou sozinho, se ajoelhou e orou com todo o seu coração. Depois, virou-se na direção da mulher morta, dizendo: "Tabita, levante-se!"

Naquele momento, Tabita abriu seus olhos e se sentou! Pedro a conduziu até seus amigos. Maravilhados e exultantes, eles mal podiam acreditar no que viam! Quando as notícias se espalharam, muitas pessoas mais vieram a crer em Jesus.

O LENÇOL DE ANIMAIS

Atos 10

Certo dia, enquanto orava no terraço, debaixo de sol quente, Pedro adormeceu e teve um sonho estranho. Em seu sonho, estava pendurado diante dele um enorme lençol branco, sendo abaixado do céu pelos seus cantos, repleto com todos os tipos de animais, répteis e aves. Olhando de perto, ele percebeu que eram todas criaturas que os judeus eram proibidos de comer, por serem consideradas 'impuras'. Então ele ouviu a voz de Deus dizendo: "Levante-se, Pedro. Mate e coma."

"É claro que não, Senhor!", Pedro respondeu, apavorado. "Nunca comi nada impuro!"

A voz falou novamente: "Não chame de impuro o que Deus fez puro."

Isso aconteceu três vezes, e então, o lençol foi puxado de volta para o céu.

A MENSAGEM PARA TODOS

ATOS 10

PEDRO ACORDOU COM O SOM DE UMA BATIDA. NO ANDAR DE BAIXO HAVIA TRÊS HOMENS ENVIADOS POR UM OFICIAL CHAMADO CORNÉLIO. EMBORA ROMANO, CORNÉLIO E SUA FAMÍLIA ACREDITAVAM EM DEUS. DEUS TINHA DITO A ELE PARA LEVAR PEDRO PARA SUA CASA. OS HOMENS ERAM GENTIOS*, MAS PEDRO OS CONVIDOU A ENTRAR, POIS AGORA HAVIA ENTENDIDO SUA VISÃO. E NO DIA SEGUINTE FOI COM ELES PARA A CASA DE CORNÉLIO, ONDE ESTE, SUA FAMÍLIA E OS AMIGOS TINHAM SE REUNIDO.

* (NÃO JUDEUS).

Pedro olhou ao seu redor. Essas pessoas eram gentios, mas estavam todas prontas para escutar o que ele tinha a dizer a respeito de Jesus. "Deus não mostra favoritismo", Pedro lhes disse. "Ele dará boas-vindas a qualquer um que crer Nele e tentar seguir Suas leis."

Enquanto ele estava falando sobre Jesus, o Espírito Santo veio. Deus estava dando aos gentios o mesmo dom que ele havia dado aos discípulos especiais de Jesus. A mensagem de Deus é para todas as pessoas do mundo, não apenas para judeus. Isso é o que a Visão de Pedro queria dizer!

A FUGA DA PRISÃO

ATOS 12

NÃO MUITO TEMPO DEPOIS DISSO, PEDRO FOI PRESO. NA NOITE ANTERIOR AO JULGAMENTO, ELE ESTAVA DORMINDO ENTRE DOIS SOLDADOS, AMARRADO FIRMEMENTE COM CORRENTES, ENQUANTO SENTINELAS GUARDAVAM A ENTRADA. DE REPENTE, UMA LUZ ENCHEU A CELA E UM ANJO APARECEU. "DEPRESSA, LEVANTE-SE!", ELE DISSE PARA PEDRO, E AS CORRENTES CAÍRAM DE SEUS PULSOS. PEDRO SEGUIU O ANJO PARA FORA DA CELA E DA PRISÃO, PASSANDO POR DIVERSOS GUARDAS.

Nenhum parecia notá-los. Logo eles estavam no portão. Ele se abriu e então o próprio Pedro viu-se do lado de fora, caminhando pela estrada... e o anjo tinha desaparecido!

Pedro, finalmente, percebeu que não estava sonhando! Ele prosseguiu até chegar a uma casa em que seus amigos tinham se reunido para orar, e bateu na porta. Quando a serva ouviu sua voz, ficou tão empolgada que correu para contar aos outros, sem sequer abrir a porta! A princípio eles não acreditaram nela, mas Pedro continuou batendo, e quando eles finalmente abriram a porta, ficaram atônitos e entusiasmados.

De manhã, quando ninguém pôde explicar como Pedro havia escapado, Herodes mandou executar os infelizes guardas!

A PRIMEIRA VIAGEM MISSIONÁRIA

ATOS 13-14

DEUS DISSE A PAULO E BARNABÉ VIAJAREM E ESPALHAREM AS BOAS-NOVAS PARA AS PESSOAS QUE AINDA NÃO HAVIAM OUVIDO A RESPEITO DE JESUS. ELES FORAM PRIMEIRO PARA CHIPRE, ONDE UM FALSO PROFETA FALOU CONTRA ELES, MAS PAULO, CHEIO DO ESPÍRITO SANTO, O DENUNCIOU, DIZENDO:

"A mão do Senhor está contra você, e você ficará totalmente cego!" E sem dúvida, naquele instante, os olhos do falso profeta se enevoaram e ele não conseguiu ver mais coisa alguma! O governador da ilha ficou tão impressionado, que se tornou cristão.

Em seguida, Paulo e Barnabé viajaram de navio para a terra que nós conhecemos como Turquia, indo de cidade em cidade pregando as boas-novas. Primeiro, eles iam às sinagogas, mas se os judeus não escutassem, eles ensinavam os gentios. Eles fizeram muitos amigos – e muitos inimigos! Às vezes, eram expulsos, e outras vezes eram lançadas pedras sobre eles! Mas sempre recuperavam suas forças e continuavam com a sua missão.

CONSIDERADOS COMO DEUSES

Atos 14

Em Listra, onde poucas pessoas sabiam a respeito de um único Deus verdadeiro, Paulo curou um homem aleijado. A multidão, entusiasmada, pensou que ele e Barnabé fossem deuses! O sacerdote de Zeus trouxe bois e coroas de flores até os portões da cidade, porque ele e a multidão queriam oferecer sacrifícios aos apóstolos! Barnabé e Paulo tiveram dificuldade em explicar que eram homens comuns e para tentar falar-lhes a respeito de Deus!

Logo depois disso, alguns judeus influenciaram o povo contra os apóstolos. Eles apedrejaram Paulo e o deixaram para morrer fora da cidade, mas depois de os discípulos se reunirem ao seu redor, ele se levantou e voltou a pregar, como se nada tivesse acontecido.

Depois disso, Paulo e Barnabé visitaram a cidade de Derbe, antes de retornarem vagarosamente para Antioquia. Iam parando nas cidades pelo caminho, para encorajar aqueles com quem já haviam falado e para ajudá-los à medida que formavam novas igrejas.

CURANDO UMA ESCRAVA

ATOS 16

PAULO PASSOU ALGUM TEMPO EM ANTIOQUIA, MAS PARTIU ENTÃO EM SUAS VIAGENS MAIS UMA VEZ. DESTA VEZ, LEVOU COM ELE, PARA A ÁSIA MENOR, UM HOMEM CHAMADO SILAS. DEPOIS DE TEREM PASSADO PELA REGIÃO FORTALECENDO AS NOVAS IGREJAS, PAULO TEVE UM SONHO ESQUISITO, DE UM HOMEM DA MACEDÔNIA EM PÉ, QUE LHE IMPLORAVA: "VENHA PARA A MACEDÔNIA E NOS AJUDE!"

Logo no dia seguinte, eles se aprontaram para partir para a Macedônia, na atual Europa, onde se reuniram com um médico chamado Lucas. Na cidade de Filipos, toda vez que eles tentavam orar eram seguidos por uma escrava que estava possuída por um espírito. Ela estava exaltada e falava palavras tão incoerentes que, por fim, Paulo ordenou que o espírito a deixasse, em nome de Jesus Cristo.

Instantaneamente o espírito a deixou, mas seus donos ficaram zangados, pois ela não era mais capaz de predizer o futuro – e eles tinham obtido muito dinheiro às custas de suas predições! Eles arrastaram Paulo e Silas diante dos magistrados da cidade, e a multidão se juntou no ataque. Paulo e Silas foram açoitados, espancados e lançados na prisão, tendo seus pés presos em troncos de madeira.

CANTANDO NA PRISÃO

Atos 16

Era meia-noite. Paulo e Silas estavam deitados e presos nos troncos. As correntes estavam presas e a madeira era pesada, mas Paulo e Silas não se desesperaram. Pelo contrário, eles ficaram orando e cantando hinos. Os outros prisioneiros mal podiam acreditar no que ouviam!

De repente, um terremoto violento estremeceu a prisão, as portas das celas se abriram e as correntes de todos se romperam!

Temendo punição se seus prisioneiros fugissem, o carcereiro estava prestes a se suicidar quando Paulo bradou: "Não se mate! Nós ainda estamos aqui!" O atônito carcereiro levou Paulo e Silas para sua própria casa, onde ele e sua família passaram a noite inteira aprendendo sobre Jesus. Eles se tornaram cristãos naquela mesma noite!

Paulo e Silas retornaram para a prisão, e quando os oficiais vieram na manhã seguinte, Paulo lhes contou que eles eram cidadãos romanos e não tinham sido julgados. Os preocupados magistrados vieram para se desculpar, mas também lhes pediram para partir.

Paulo prosseguiu viagem por muitas regiões, para contar ao povo sua mensagem maravilhosa. Ele passou um tempo em Atenas, onde o povo adorava debater, e em Corinto, onde ele ganhava a vida fabricando tendas. Depois viajou para Éfeso e Cesareia, antes de se estabelecer por um tempo em Antioquia, ao final de sua segunda viagem missionária.

O TUMULTO EM ÉFESO

Atos 19

Paulo estava em Éfeso, em sua terceira viagem missionária, quando o tumulto irrompeu. O povo lá adorava a deusa Diana e tinha construído um templo maravilhoso em sua homenagem. As pessoas vinham de longe para visitar o templo, e a cidade estava repleta de artesões vendendo imagens de prata da deusa.

Mas, quando Paulo começou a pregar, muitas pessoas se tornaram cristãs e pararam de comprar as imagens. Os artesões ficaram furiosos e logo a cidade inteira estava em alvoroço! A plebe furiosa se apoderou de dois dos amigos de Paulo e os arrastou até o anfiteatro ao ar livre, e lá eles berraram e discutiram até que um oficial municipal conseguiu dar um jeito de acalmar todos.

Depois disso, Paulo compreendeu que seria mais seguro para todos se ele deixasse a cidade, e assim ele partiu para retornar a Jerusalém, primeiro indo para a Macedônia, então Grécia.

Trôade
Assós
ÁSIA
Mitilene
FRÍGIA
Antioquia
GALÁCIA
Icônio
Derbe
Tarso
PISÍDIA
Listra
Éfeso
Antioquia
Trogyilium
Mileto
Perge
PANFÍLIA
CILÍCIA
LÍCIA
SÍRIA
Patara
Salamina
CHIPRE
MAR
MEDITERRÂNEO
Pafos
Tiro
Prolemaida
Cesareia
Jerusalém
ARÁBIA

A GRANDE QUEDA

Atos 20

Paulo queria retornar a Jerusalém para lá poder ajudar os cristãos judeus. Em seu caminho, ele passou a noite em uma cidade chamada Trôade. Os cristãos dali estavam empolgados por Paulo estar entre eles. Eles se congregaram em um aposento do andar superior para escutá-lo, e ele falou até tarde da noite.

Um de seus ouvintes era um jovem chamado Êutico. Ele queria ouvir tudo que Paulo estava dizendo, mas estava com um sono terrível e mal conseguia ficar acordado. Ele estava sentado perto da janela, na esperança de que o ar fresco o mantivesse acordado, mas por fim ele não pôde mais manter seus olhos abertos e adormeceu - e despencou do alto de três andares, caindo no chão duro! Quando perceberam o que havia acontecido, as pessoas correram escada abaixo, achando que o encontrariam morto. Mas Paulo, vindo atrás deles, se ajoelhou perto do jovem e o acolheu em seus braços. Virando-se para a multidão, sorriu: "Não se preocupem. Ele está vivo!"

As pessoas mal conseguiam acreditar no que havia acontecido, e ficaram tomadas de alegria com o milagre. Subiram as escadas de volta, e Paulo prosseguiu falando para eles até o raiar do sol!

"POR FAVOR, NÃO VÁ!"

Atos 20

Os amigos de Paulo não queriam que ele fosse para Jerusalém. Todos o alertaram de que seria muito perigoso para ele – eles temiam que fosse aprisionado lá, e provavelmente morto. "Por favor, não vá!", eles imploraram.

Mas Paulo balançou sua cabeça, tristemente. "Por favor, não tentem me fazer mudar de ideia com suas lágrimas. Isso é o que eu tenho que fazer. Estou pronto não apenas para ser acorrentado por Jesus, mas até a morrer por ele."

Embora soubesse, em seu coração, que a privação e o sofrimento estavam diante dele, em seu caminho, Paulo iria para onde Deus quisesse que ele fosse. Antes de embarcar no navio que o levaria adiante, Paulo se ajoelhou com seus amigos e orou.

TODOS CHORARAM QUANDO ELE NAVEGOU PARA LONGE.
ELES SABIAM QUE NUNCA MAIS O VERIAM.

CONFUSÃO EM JERUSALÉM

Atos 21-26

Não demorou para a confusão tomar conta de Jerusalém. Alguns judeus contaram mentiras sobre Paulo, quando ele estava no templo, e incitaram a multidão. Ele teria sido morto ali mesmo, não fosse o governador romano da cidade ter enviado soldados. Paulo tentou conversar com a multidão, mas eles estavam furiosos demais para escutar. Então o comandante ordenou aos seus soldados para levarem Paulo ao forte romano.

O comandante o enviou diante do conselho judeu para que eles pudessem entender o que estava acontecendo, mas o conselho somente discutia entre si, e Paulo foi mandado de volta.

Quando o comandante romano soube de uma conspiração de alguns judeus para matar Paulo, ele fez Paulo sair clandestinamente da cidade, sob o manto da noite. Ele foi levado ao quartel-general romano na Cesareia, onde foi mantido no cárcere por diversos anos, embora nem o governador nem mesmo o rei compreendessem, exatamente, quais eram as acusações contra ele.

No fim, Paulo apelou para que seu caso fosse ouvido pelo próprio Imperador César, já que era direito dele como cidadão romano. Finalmente, Paulo estava a caminho de Roma.

O NAUFRÁGIO

Atos 27

Paulo estava viajando para Roma a bordo de um navio. O centurião romano Júlio, que estava encarregado dele, acabou gostando de Paulo e o tratou bondosamente. Mas a viagem deles foi problemática por causa do mau tempo. Paulo tentou alertar o capitão de que seria perigoso navegar avante, mas o capitão ignorou seu conselho.

Logo eles ficaram no meio de uma tempestade terrível. Por dias o navio esteve à mercê de um mar furioso. Paulo consolava a tripulação e os outros passageiros, pois Deus havia-lhe prometido que todos chegariam a terra vivos. Alguns dos marinheiros tentaram sair em um dos

botes salva-vidas, mas Paulo lhes disse que eles teriam que ficar no navio para serem salvos.

Todos ficaram empolgados quando, finalmente, avistaram o litoral, mas, de repente, o navio atingiu um banco de areia. A proa atolou rapidamente e o navio começou a ser despedaçado pela arrebentação!

Júlio ordenou que todos que soubessem nadar fossem em direção à praia, e disse àqueles que não sabiam nadar, que se agarrassem aos destroços do navio e assim flutuassem até a terra firme. Deste modo, todos conseguiram chegar em segurança. Até a última das duzentas e setenta e seis pessoas a bordo foi salva, assim como Deus havia prometido!

ROMA, ENFIM!

Atos 28

Paulo e seus companheiros se achavam na ilha de Malta. Estavam com frio e molhados, mas vivos! Alguns moradores da ilha vieram ajudar. Eles acenderam uma fogueira enorme para aquecê-los. Enquanto Paulo estava colocando um tanto de madeira extra sobre a fogueira, uma cobra venenosa rastejou para fora e se agarrou à sua mão. Paulo,

calmamente, tirou a cobra e continuou como se nada tivesse acontecido. Os atônitos moradores da ilha acharam que ele deveria ser um deus!

Depois de três meses, eles navegaram mais uma vez para Roma. Enquanto aguardava para que seu caso fosse ouvido, Paulo obteve permissão para viver por sua conta, porém sob a vigilância de um soldado. Embora não tivesse permissão para sair, ele podia receber visitas, e assim era capaz de prosseguir espalhando a mensagem para novas pessoas. Ele também escreveu cartas para os cristãos que havia conhecido durante suas viagens, para encorajá-los e ajudá-los enquanto formavam suas igrejas. Não se sabe com certeza como Paulo morreu, mas muitas pessoas acreditam que ele foi executado enquanto estava em Roma.

O AMOR DE DEUS

Romanos 8, 12

Paulo escreveu para os crentes em Roma, antes de ter ido para a cidade para se apresentar e falar sobre a fé que eles tinham: "Eu creio que o nosso sofrimento presente não é digno de comparação com a glória que em nós será revelada. - E o próprio sofrimento produz perseverança, assim como o caráter e a esperança!

Se Deus é por nós, quem será contra nós? Ele, que nem mesmo a seu próprio Filho poupou, antes o entregou por todos nós. Se ele fez assim, como não nos dará livremente todas as coisas? Não há nada que seja capaz de nos separar do amor de Deus que é nosso, através de Cristo Jesus, nosso Senhor – nem sofrimento ou perseguição ou fome ou pobreza ou perigo ou morte."

Ele os encorajou a viver vidas boas, repletas de amor e bondade: "O amor deve ser sincero. Abominem o que é mau; apeguem-se ao que é bom. Amem e respeitem uns aos outros, sejam alegres na esperança, pacientes na tribulação, perseverantes na oração. Compartilhem o que vocês possuem com aqueles em necessidade. Vivam em paz e não pensem em vingança. Não se deixem vencer pelo mal, mas vençam o mal com o bem."

O MAIOR DESTES É O AMOR

I Coríntios 12-13

Paulo escreveu para o povo que vivia em Corinto: "Muitos de vocês têm recebido dons maravilhosos do Espírito Santo. Talvez vocês possam falar idiomas estrangeiros, ou profetizar, ou ensinar ou curar. Nenhum destes dons é melhor do que outros; portanto, não fiquem convencidos! É o olho mais importante que o ouvido? Ou o pé mais importante que a mão? Não! Cada um tem sua função. Cada um faz parte do corpo inteiro."

"Ainda que eu falasse todos os idiomas do mundo e até falasse com anjos, e não amasse os outros, eu não seria nada mais que um metal barulhento. E ainda que eu tivesse o dom da profecia, ou conhecimento, ou uma fé tão grande que eu pudesse mover montanhas, não significaria nada se eu não tivesse amor. E ainda que eu desse tudo que possuo para os pobres e sofresse grande miséria, nada se aproveitaria se não tivesse amor pelas pessoas pelas quais eu estivesse fazendo isso.

O amor é paciente e bondoso. Não é ciumento, presunçoso, orgulhoso ou rude. Ele não insiste em seus interesses, ou se torna irritado, ou busca vingança, ou se alegra quando alguém falha. O amor protege e confia e espera. É firme e verdadeiro, e nunca, jamais desiste. Três coisas durarão eternamente – fé, esperança e amor – e o maior destes é o amor."

AS COISAS DO CÉU

GÁLATAS 2-5; COLOSSENSES 3

Paulo estava preocupado, pois muitos crentes estavam retornando aos seus antigos comportamentos e pensando demais nas regras e rituais, quando o caminho verdadeiro até Deus é por meio da fé em Jesus. Ele escreveu para a igreja da Galácia: "Uma pessoa se torna justa diante de Deus pela fé em Jesus Cristo, não por obedecer à lei. Se guardar a lei fosse o suficiente, não haveria necessidade alguma de Cristo ter morrido!

Vocês não receberam o Espírito Santo por obedecerem à lei de Moisés - mas porque creram na mensagem de Cristo! Ora, por que vocês não estão tentando ser perfeitos? Vocês não entendem? Cristo levou sobre si a maldição pela nossa injustiça. Ele nos libertou! Assegurem-se de permanecer livres e não se tornem escravos da lei!"

Ele enviou a mesma mensagem aos crentes, em Colossos: "Não gastem tanto tempo pensando a respeito de todas as regras antigas. Pensem a respeito das coisas do céu, não nas coisas da terra!"

VISTAM A ARMADURA DE DEUS!

Efésios 6; II Coríntios 1, 4-5

Paulo disse aos Efésios: "Fortaleçam-se no Senhor. Os nossos inimigos não são constituídos de carne e sangue; portanto, revistam-se de cada parte da armadura de Deus. Então vocês poderão permanecer firmes, com o cinto da verdade atado ao redor da cintura e com a couraça da justiça. Que os seus pés sejam calçados na preparação que vem do evangelho da paz, e tomem o escudo da fé. E tomem também o capacete da salvação e a espada do Espírito, que é a palavra de Deus."

Ele disse aos Coríntios: "Deus nos consola em nossas tribulações para que possamos consolar os outros. Quanto mais sofremos por Cristo, mais Deus nos confortará através de Cristo. Nós somos cercados por aflições, mas não destruídos. Nós nunca desistiremos! As aflições que enfrentamos agora são pequenas e não vão durar, pois quando deixarmos estes corpos terrenos, teremos uma casa no céu, e um corpo eterno feito para nós pelo próprio Deus!"

UM BOM COMBATE

II Timóteo 2,4

Perto do final de sua vida, Paulo escreveu para um de seus amigos especiais, Timóteo: "Estou sofrendo e fui acorrentado feito um criminoso, mas a palavra de Deus não pode ser acorrentada. Estou disposto a suportar por causa do povo escolhido de Deus, para que eles, também, possam obter a salvação que vem através de Cristo Jesus e que traz glória eterna. Faça todos se lembrarem deste ditado:

'Se morrermos com ele, também com ele viveremos.
Se passarmos aflições, com ele reinaremos.
Se o negarmos, ele nos negará.
Se formos infiéis, ele permanece fiel,
pois não pode negar-se a si mesmo.'

Quanto a mim, minha vida tem sido uma oferta para Deus. O tempo da minha morte está próximo. Combati um bom combate, cheguei ao final da corrida e guardei a fé. Agora aguardo a minha recompensa, que o Senhor me dará no dia do seu retorno – uma recompensa não apenas para mim, mas a todos que ansiosamente aguardam a sua vinda!"

DEUS É AMOR

Hebreus 11-12; Tiago 2; I Pedro 4; II Pedro 3; I João 4

Outras cartas inspiradoras fazem parte do Novo Testamento. Em Hebreus, somos aconselhados: "A fé é a convicção de que aquilo que esperamos verdadeiramente, acontecerá. Os nossos antepassados tinham fé: Noé construiu uma arca quando todos riam dele; Sara creu que teria um filho, embora já fosse idosa; Moisés tirou seu povo do Egito apenas porque Deus lhe disse para fazer assim. Sejam cheios de fé. Rejeitem as coisas que os deprimem, para que tenham a força e a persistência para disputar a corrida que nos foi proposta!"

O apóstolo Tiago prosseguiu, dizendo: "Que proveito temos se dizemos que temos fé, mas não a mostramos em nossas ações? As palavras não são suficientes – a fé não é suficiente, a menos que produza boas obras."

Pedro escreveu: "Vocês vão enfrentar aflições e sofrimentos – mas não se desesperem! Pelo contrário, alegrem-se no fato de vocês serem participantes destas aflições de Cristo. Elas testarão a sua fé como o fogo prova e purifica o ouro, e lembrem-se de que há uma maravilhosa alegria por vir! Não fiquem abatidos se parecer ser um longo tempo de espera – Deus está sendo paciente, pois Ele quer que todos se arrependam. Mas o dia do Senhor virá, inesperadamente; portanto, estejam preparados!

O apóstolo João escreveu: "Deus é amor. Ele mostrou o quanto nos amou, ao enviar seu único Filho ao mundo para que pudéssemos ter a vida eterna através dele. Já que ele nos amou de tal maneira, vamos assegurar que nos amemos uns aos outros, para que Deus possa viver dentro de nós e possamos viver em Deus. E já que vivemos em Deus, o nosso amor se aperfeiçoará; e quando o dia do julgamento vier, não teremos que temer nada. O perfeito amor lança fora todo o medo! Nós amamos uns aos outros porque ele nos amou primeiro."

A INCRÍVEL VISÃO DE JOÃO

Apocalipse 1

O último livro da Bíblia é o Apocalipse. Muitos acreditam que ele foi escrito pelo apóstolo João. O autor teve uma incrível visão para transmitir: "No dia do Senhor, o Espírito assumiu controle de mim e ouvi uma grande voz, vindo de trás de mim, dizendo: 'Escreva o que você vê e envie às sete igrejas.'

Quando eu me virei, vi sete castiçais de ouro, e no meio dos sete castiçais um semelhante ao Filho do homem, vestido com uma roupa comprida, e cingido pelos peitos com uma faixa de ouro. Sua cabeça e cabelos eram brancos como a neve, e os seus olhos, como chama de fogo. Em sua mão direita ele segurava sete estrelas, e da sua boca saía uma aguda espada de dois fios. Seu rosto brilhava como o mais resplandecente sol.

Eu caí aos pés dele, mas ele me disse para não ter medo. 'Eu sou o primeiro e o último,' disse ele. 'Eu estava morto, mas eis que estou vivo para todo o sempre! Eu tenho as chaves da morte e do inferno.'"

Na visão de João, os sete castiçais eram as sete igrejas da Ásia menor, e o Senhor queria que João enviasse uma mensagem para aquelas igrejas, para corrigi-las e encorajá-las. Mas isso não era tudo. Ele também enviou uma visão do futuro...

O TRONO DE DEUS

APOCALIPSE 4-5

JOÃO SE ENCONTRAVA DIANTE DO TRONO DE DEUS. UM ARCO-ÍRIS SEMELHANTE A UMA ESMERALDA CIRCUNDAVA O TRONO, AO REDOR DO QUAL ESTAVAM OUTROS VINTE E QUATRO TRONOS, NOS QUAIS SE SENTAVAM VINTE E QUATRO ANCIÃOS VESTIDOS DE BRANCO, COM COROAS DE OURO.

E DO TRONO SAÍAM RELÂMPAGOS E TROVÕES, E SETE LÂMPADAS DE FOGO ARDIAM DIANTE DELE. E AO REDOR DELE HAVIA QUATRO SERES VIVENTES – UM SEMELHANTE A UM LEÃO, UM SEMELHANTE A UM BOI, UM COM UM ROSTO SEMELHANTE A UM HOMEM, E UM PARECIA UMA ÁGUIA EM VOO – TODOS COBERTOS DE OLHOS. CADA UM DELES TINHA SEIS ASAS E ENTOAVA SEM PARAR: 'SANTO, SANTO, SANTO É O SENHOR DEUS TODO-PODEROSO, QUE ERA, QUE É, E QUE HÁ DE VIR!'

E AQUELE SOBRE O TRONO SEGURAVA UM ROLO DE PERGAMINHO ESCRITO DE AMBOS OS LADOS E SELADO COM SETE SELOS. A PRINCÍPIO, PARECIA QUE NÃO SE ENCONTRARIA NINGUÉM QUE FOSSE DIGNO DE ABRI-LO, MAS UM DOS ANCIÃOS

declarou que o Leão da tribo de Judá, o maior descendente de Davi, poderia romper os selos e abrir o rolo de pergaminho. Então João viu um Cordeiro em pé, no centro do trono, e os quatro seres e todos os anciãos se curvaram em adoração, e a eles se juntou uma multidão de anjos e todas as criaturas do céu e da terra.

OS DIAS FINAIS

Apocalipse 6-20

Na visão de João, os sete selos foram rompidos um por um, e muitas coisas terríveis aconteceram para a terra, mas aqueles que foram fiéis a Jesus foram protegidos pelo selo de Deus.

Então sete trombetas foram tocadas. Granizo e fogo caíram, as águas foram envenenadas, e o mundo se afundou na escuridão. Gafanhotos com asas ensurdecedoras cobriram a terra, atormentando a todos, exceto aqueles com o selo de Deus. Um exército de cavaleiros liberou terríveis pragas de fogo, fumaça e enxofre sobre a terra. Então, quando a sétima trombeta foi tocada, o templo de Deus se abriu no céu, e a arca de Sua aliança pôde ser vista. Houve relâmpagos, trovões, um terremoto e grande tempestade de granizo.

João viu que uma época terrível se seguiria, mas, finalmente, todo o mal seria destruído, e o Reino de Deus reinaria. Depois do Juízo Final, um novo céu e uma nova terra substituiriam os antigos.

"EU VOLTAREI EM BREVE!"

Apocalipse 21-22

João escreveu: "Então eu vi um novo céu e uma nova terra; e vi a Cidade Santa descendo do céu como uma bela noiva. Ouvi uma grande voz que vinha do trono e dizia: "Agora o tabernáculo de Deus está como o seu povo! Ele viverá com eles. Eles serão o seu povo; e Ele será o seu Deus. Não haverá mais morte, nem tristeza, nem choro ou dor. Ele fará novas todas as coisas! Porque Ele é o Alfa e o Ômega, o princípio e o fim.'

E me foi mostrada a Cidade Santa, e ela resplandecia com a glória de Deus. Ela tinha um grande e alto muro, com doze portões e doze anjos encarregados deles. O seu templo é o Senhor Deus Todo-Poderoso e o Cordeiro. A cidade não necessita de sol ou de lua, porque a glória de Deus resplandece sobre ela, e o Cordeiro é sua lâmpada. Os povos do mundo andarão em Sua luz, e os portões jamais se fecharão, pois lá não haverá noite. Mas somente aqueles cujos nomes estão escritos no Livro da Vida do Cordeiro entrarão.

" 'Escutem!' diz Jesus. 'Eu voltarei em breve!' "

Que assim seja! Venha, Senhor Jesus, venha logo!